O QUE EU NÃO POSSO DEIXAR DE FAZER HOJE?

CARLOS JÚLIO

O QUE EU NÃO POSSO DEIXAR DE FAZER HOJE?

Como uma única pergunta pode mudar sua relação com o tempo, assegurar produtividade no trabalho e empoderar sua vida pessoal

Planeta ESTRATÉGIA

Copyright © Carlos Júlio, 2020
Copyright © Editora Planeta do Brasil, 2020
Todos os direitos reservados.

Preparação: Vivian Miwa Matsushita
Revisão: Fernanda Guerriero Antunes e Nine Editorial
Diagramação: Triall Editorial Ltda
Capa: Filipa Damião Pinto/Foresti Design

Dados Internacionais de Catalogação na Publicação (CIP)
Angélica Ilacqua CRB-8/7057

Júlio, Carlos
   O que eu não posso deixar de fazer hoje?: Como uma única pergunta pode mudar sua relação com o tempo, assegurar produtividade no trabalho e empoderar sua vida pessoal/ Carlos Júlio. – São Paulo: Planeta, 2020.
   192 p.

1. Administração do tempo 2. Produtividade 3. Qualidade de vida I. Título

20-1123   CDD 158.1

Índices para catálogo sistemático:
1. Administração do tempo: Qualidade de vida

2020
Todos os direitos desta edição reservados à
EDITORA PLANETA DO BRASIL LTDA.
Rua Bela Cintra, 986, 4º andar – Consolação
São Paulo – SP CEP 01415-002
www.planetadelivros.com.br
faleconosco@editoraplaneta.com.br

Mais do que um agradecimento, deixo aqui uma homenagem à minha mulher, Adriana Ranzatti, para quem sempre há tempo. Como terapeuta especializada em Constelações Familiares, ela chega a fazer doze atendimentos por dia, administra seu Espaço Terapêutico, o Scintilla, estuda muito, conduz workshops e, acreditem, ainda tem tempo para mim. Fera!

O tempo como aliado

Uma das perguntas que me fazem com frequência é como administro meu tempo com tudo que faço, pois é grande a quantidade de pessoas que se angustiam por finalizar seu dia sempre deixando alguma tarefa pendente.

Em seu livro *O que eu não posso deixar de fazer hoje?*, Carlos Júlio divide com o leitor toda sua angústia com o tema e as lições que aprendeu ao longo de sua vitoriosa carreira sobre como lidar de maneira correta e saudável com as aflições do mundo moderno e a cobrança do tempo.

Sua fórmula para a pergunta-chave "O que não posso deixar de fazer hoje?" nos faz refletir profundamente e me lembra a frase de São Francisco de Assis com a qual quase sempre termino as minhas palestras: "Comece fazendo o que é necessário, depois o que é possível e, de repente, você estará fazendo o impossível", que demonstra a importância de focarmos no que é essencial.

Isso não quer dizer que essa atitude dispensa planejamento, muito pelo contrário, é necessário muita disciplina e estudo do seu tempo, como Carlos Júlio nos ensina de maneira muito clara e com muitos exemplos.

Em tempos digitais, nos quais a tecnologia nos obriga a adotar múltiplas tarefas, é cada vez mais importante fazer bem-feito na primeira vez, pois o retrabalho nos toma tempo e desperdiça energia.

Acredito que a leitura deste importante livro do Carlos Júlio nos fará refletir e aplicar práticas no nosso dia a dia para podermos ter tempo para tudo, especialmente para o mais importante desta vida, que é ser feliz.

LUIZA HELENA TRAJANO
Presidente do Conselho de
Administração do Magazine Luiza

Um livro para ganhar tempo

Dedicando grande parte de meu tempo nos últimos anos ao estudo da mobilidade, cidades inteligentes e gestão urbana das grandes metrópoles, sempre me deparei com o assunto "tempo" como a incógnita mais importante de todas essas equações.

Sentia que, no fundo, tão relevante quanto ter mais tempo na minha vida, era ter mais vida no meu tempo, poder usufruir qualitativamente dessa matéria-prima da felicidade cada vez mais escassa em nossas vidas.

Passei, então, a pesquisar e analisar todas as atitudes pessoais e corporativas que precisava tomar na busca de mais vida no meu tempo. E foi com grande satisfação que essa obra do Carlos Júlio caiu nas minhas mãos, quase como uma resposta a esse objetivo de ter o tempo a meu favor e não contra mim.

Este é um livro obrigatório a todos aqueles que são, ao mesmo tempo, realizadores e relacionadores, que entendem a importância de fazer e liderar, de estudar e trabalhar, de ter tempo para a família e para si mesmos. Uma obra cheia de exemplos práticos e conselhos úteis como só alguém com a vivência e competência do Carlos Júlio poderia produzir.

Ler este livro é ganhar tempo, em todos os sentidos!

WALTER LONGO
Especialista em inovação e transformação digital

Uma carta de alforria

Líder empresarial de sucesso, coach de outros líderes, *board member*, escritor best-seller, palestrante e professor, Carlos Júlio sempre foi de fazer muitas coisas, mas boa parte de sua trajetória profissional ele conduziu à maneira workaholic, como um escravo do trabalho e do tempo. Mais ou menos como acontece com a maioria de nós.

Até que um belo dia, premido por circunstâncias pessoais e de carreira, esse protagonista do management virou a mesa e se tornou protagonista também de suas horas. Liberto, ele se tornou um senhor do próprio tempo.

O livro que você tem em mãos equivale a uma carta de alforria na relação das pessoas com o tempo, para que você, eu e todos nós façamos com que o relógio funcione a seu favor. Dito em outras palavras, queremos potencializar o período que dedicamos ao trabalho e enriquecer as horas que temos para nós mesmos.

O mais surpreendente – e talvez seja seu grande trunfo – é que Júlio, em plena era digital e um estudioso da tecnologia, rompe os grilhões sem recorrer a um aplicativo sequer. Sua forma de lidar com o tempo é docemente simples e lógica. Júlio se vale de uma agenda (que pode ser eletrônica ou de papel, o leitor decide) e de um caderno tipo Moleskine onde, cotidianamente, ele responde à pergunta que está no coração do seu jeito de domesticar o tempo: "o que eu não posso deixar de fazer hoje?" O autor deixa claro que, com uma estratégia tão simples assim, qualquer pessoa consegue domar o tempo – do estagiário ao CEO, do freelancer à executiva que conjuga um punhado de jornadas.

"O que eu não posso deixar de fazer hoje?" é uma pergunta quase mágica que, respondida com honestidade, traz uma nova luz para o nosso dia a dia. Quando sabemos o que não pode ficar para amanhã, ganhamos objetividade para organizar a vida. Todos temos tantas tarefas a cumprir que flertamos perigosamente com a síndrome do burnout – exaustão total – e outros males contemporâneos com potencial para devastar carreiras brilhantes. O método de Carlos Júlio lança luz nisso que ele chama de "nevoeiro das múltiplas demandas" e nos ajuda a identificar a *prioridade*, um substantivo que, para ele, nunca tem plural.

No entanto, o ponto mais notável desta obra, para mim, é outro, mais profundo. Para o autor, fundamental é conciliar os dois tempos, o externo, aquele que nos chicoteia, e o interno, o tempo do nosso desejo. Só quando entendermos a força desse conflito conseguiremos pacificar nossa agenda e, com foco, disciplina e organização, tripé que sustenta sua teoria de bom uso do tempo, realizar os nossos melhores sonhos.

Cris Arcangeli
Empreendedora serial, apresentadora e palestrante,
criadora das empresas Phytoervas, Phytá, PH Arcangeli,
Éh e Beauty'in, da qual atualmente é CEO.

Sumário

Introdução – Sobre polvos e deuses de muitos braços 19
Manter múltiplas atividades é possível, desde que você se torne dono do tempo

Capítulo 1 – A equação do tempo no tempo das decisões 29
Se não respeitado, o tempo se torna uma ameaça à qualidade das decisões de gestão

Capítulo 2 – A virada da chave: afastando o impostor, acolhendo a alegria 39
Dois eventos e o esboço de uma metodologia

Capítulo 3 – O tempo para a felicidade 49
O impacto da tecnologia sobre o tempo e seu contraponto – o tempo de não trabalho

Capítulo 4 – Cronos, Kairós e a raiz da ansiedade nossa de cada dia 57
O equilíbrio entre o tempo externo e o interno e a âncora da memória

Capítulo 5 – Zeca Pagodinho, Doris Day e *time management* 65
As ferramentas de gestão do tempo no mercado são úteis, mas insuficientes

Capítulo 6 – O canvas do tempo: agenda + caderno 83
É preciso planejar: a semana é a unidade de tempo central

Capítulo 7 – O nevoeiro das múltiplas demandas 95
Entenda as armadilhas do fazer, fazer, fazer

Capítulo 8 – A pergunta errada e a pergunta certa 103
Prioridade não tem plural, ao menos não numa vida rica, produtiva e feliz

Capítulo 9 – A ameaça dos ladrões de tempo 117
É preciso enxergá-los e usar as mais avançadas técnicas de combate para derrotá-los

Capítulo 10 – De quanto tempo você precisa para se acostumar com um nariz novo? 127
O descanso precisa ser levado a sério nos novos hábitos do tempo, assim como a bucket list

Capítulo 11 – A corrida insana das mulheres 143
O desafio feminino é maior, mas há esperança

Capítulo 12 – O papel das pausas e a capital do Paraná .. 153
Os riscos de quem não entende a necessidade de parar e um viva à vulnerabilidade

Capítulo 13 – O que meu filho, Dan Brown e Peter Drucker têm em comum 169
Aprender é para a vida inteira

Epílogo – Escreva sua *bucket list* 181
Para conseguir ser dono do seu tempo, você não pode ser morno

Bibliografia 187

Vivemos no tempo da pressa.

Crescemos depressa.

Trabalhamos depressa.

Comemos, bebemos, dormimos depressa.

Esquecemos depressa o que vemos depressa.

E quando lemos, lemos depressa.

Amamos depressa.

Fartamos depressa.

E quando não enviamos emojis, escrevemos dprs.

Depressa não é para a frente. É só... urgente. Depressa é à pressa.

Nós somos da terra do devagar.

Devagar tem outro sabor. Devagar é melhor. Devagar tem respeito.

Devagar é um talento, e vai longe.

Sim, vivemos no tempo da pressa. Mas se tudo o que fizermos for para ontem, o que acontece ao hoje e ao amanhã?

Há várias maneiras de andar para a frente. Esta é a nossa.

(Inscrição na entrada da Herdade do Esporão, tradicional vinícola portuguesa na região do Alentejo. Foi o tema de sua campanha de marketing mais recente, explicitando novo posicionamento.)

INTRODUÇÃO

Sobre polvos e deuses de muitos braços

Sempre fui, mesmo criança, uma pessoa muito ocupada. Filho de imigrantes portugueses, criado no boteco e no empório de meu pai, desde pequeno tive tarefas a cumprir. Hoje, adulto, entendo que lugar de criança é na escola e tempo de criança é para brincar, mas na minha infância esses conceitos, agora tão claros, não eram sequer difundidos, quanto mais valorizados. Não guardo ressentimentos nem dores dessa época – era assim a vida para as famílias imigrantes na São Paulo efervescente dos anos 1960, e isso me marcou e moldou o homem que sou hoje, com suas qualidades e seus defeitos.

O fato é que sempre estive rodeado de ocupações e da obrigação de dar conta delas, e talvez por isso eu seja uma pessoa permanentemente "pré-ocupada"; se não estou fazendo nada, estou procurando alguma ocupação. Moleque, vendia bolinhos de bacalhau nos campos de futebol de várzea que havia nos fundos de casa e descobri que tinha talento para isso: eu era (sou) um vendedor! Com 26 anos, fui contratado para montar uma *trading company* para um importante grupo industrial de Santa Catarina e passei a frequentar a Fiesp, a poderosa Federação das Indústrias do Estado de São Paulo, onde meus pares nem sequer pareciam meus pais – tinham idade para ser meus avós. Aos 29, pela primeira vez tornei-me conselheiro independente no *board* de uma empresa, rodeado por outros que tinham o dobro da minha idade. Aos 37, virei presidente de uma multinacional. Sempre muito mais jovem do que a expectativa; quase sempre, anos mais novo do que os diretores e gerentes que respondiam a mim.

Talvez eu tenha demorado a me desentender com o tempo, justamente por tudo ter acontecido muito prematuramente na minha vida. Em todo ambiente que frequentava, eu era de longe o mais novo. Hoje, com o advento das startups e a ascensão do mundo digital, encontro mais garotos de 20 e poucos anos dirigindo empresas, mas, no final dos anos 1970, eu era uma mosca branca entre líderes seniores grisalhos. Isso, embora me tornasse alvo de algum preconceito, me dava a confiança de ter todo o tempo do mundo pela frente e, desse modo, a energia necessária para me adaptar a qualquer situação que surgisse. Aos 41 anos, descobri que não era bem assim ao enfrentar um problema de saúde e, superando-o, compreendi que, de certa forma, tinha ganhado uma "vida extra".

Gosto do que a passagem do tempo me tem trazido. Quer um exemplo? Terno e gravata sempre foram meus companheiros inseparáveis nas circunstâncias profissionais. Em quase um quarto de século fazendo palestras, não me lembro de jamais ter me posicionado diante do meu público com outro traje que não fosse terno, cada vez mais bem cortado à medida que eu ascendia na carreira. Era como se a indumentária pudesse me emprestar uma segurança que eu não sentia. Nos últimos dois anos, no entanto, envolvido com a cultura digital graças à escola que dirigi até recentemente, a Digital House, em São Paulo, comecei a trocar a formalidade no vestir por um figurino mais despojado – calças jeans ou cáqui, camisetas polo e sapatênis. O tempo me deu segurança, permitindo-me entender que o conteúdo que eu tinha a transmitir era mais importante do que a forma. O que eu sou é mais importante do que aquilo que eu tentava vender sobre mim.

Graças à minha relação com o tempo, eu me tornei múltiplas coisas – sim, porque fazer tanto exige uma conexão muito respeitosa, para dizer o mínimo, com o tempo. Vou fazer uma lista em bullets para que a multiplicidade fique clara:

- CEO da Echos Design Thinking, escola pioneira em formar no Brasil profissionais nessa importante filosofia de inovação.
- Sócio da Digital House, uma startup de educação que quer mudar o mundo e, ao mesmo tempo, tem

dinheiro de investidores internacionais e lhes deve muitas satisfações. Por si só, isso já preencheria todas as horas de todos os meus dias.

- Sócio e *head* de Estratégia e Inovação do Instituto Locomotiva de Pesquisas.
- Presidente do Conselho de Professores do Ibmec.
- Conselheiro profissional independente de quatro empresas: Camil S/A, Aramis Menswear, GSA Alimentos S/A e Grupo TV1.
- Membro do Conselho Editorial da revista *MIT Sloan Management Review* no Brasil.
- Membro *pro bono* do Instituto Sidarta.
- Membro *pro bono* do Conselho do Instituto Via de Acesso.
- Comentarista de Gestão Descomplicada da Rádio CBN.
- Coach de vários empresários e CEOs, além de facilitador certificado do capítulo brasileiro da Young Presidents' Organization (YPO).
- Palestrante nas áreas de Gestão, Negócios, Vendas, Marketing e Liderança, realizando pelo menos duas palestras por mês.
- Escritor, com oito livros publicados sobre Gestão e Negócios.
- Professor do Ibmec e da FIA, instituição ligada à USP. Gosto muito de tudo o que faço, mas confesso ter um especial apreço por ser professor, algo que

me revigora e me permite tomar a pulsação das novas gerações.
- Em penúltimo, mas não menos importante (pelo contrário!), sou pai de dois filhos, avô de quatro netos e marido de Adriana, companheira de jornada com quem travo as mais longas conversas.
- Por fim, tenho um compromisso sério comigo mesmo – com atividade física, que pratico de maneira sacramentada cinco vezes por semana –, com bons amigos – cuja companhia me traz grande alegria –, e sou também um grande apreciador de vinhos e viagens.

Como consigo fazer tudo isso? Nas minhas aulas, ao me apresentar para as novas turmas, recito essa lista de papéis que você acabou de ler e vejo descrença nos olhos dos alunos. Todos sufocados pela sensação de falta de tempo. Os poucos que me dão o benefício da dúvida pedem a receita. Se eu deixasse por conta do meu irreverente amigo José Salibi Neto, cofundador da HSM, escritor e palestrante, a receita seria assim resumida: "Júlio é um polvo!". Segundo ele, eu realmente consigo agir como esse animal marinho, que estende seus tentáculos em direções diversas. Sempre achei a metáfora divertida e precisa.

No entanto, em vez de ter poderes mágicos que me transformam num polvo, tenho é necessidade de ser um educador. Assim sendo, inspirado e desafiado por meus alunos, decidi compartilhar meu aprendizado sobre conseguir entregar cada vez mais, como costuma ser pedido, tolerando o estresse de ter que fazê-lo, e, ao mesmo tempo, preservar a saúde e a alegria de viver. Não é mágica. Acredito que essas demandas não sejam só minhas e que a maioria de nós viva hoje sob a mesma pressão. Minha preocupação não é apenas com a produtividade profissional alheia; gosto desta, e de me cercar de quem a tenha, mas quero contribuir também para a felicidade pessoal, ciente de que ela retroalimenta a produtividade profissional.

Meu método para me desdobrar entre tantos afazeres é simples, lógico e factível. Exige certo empenho, é verdade, mas não diria que cobra grandes renúncias. Tecnologias podem ajudar a colocá-lo em prática, mas o planejamento do uso do tempo que proponho pode ser feito em qualquer caderno.

Acho que tenho uma contribuição a dar, e não apenas a executivos e estudantes, mas a qualquer pessoa que queira fazer do tempo seu maior aliado, em vez do inimigo que nos habituamos a enxergar nele. Um CEO pode multiplicar suas horas úteis com a pergunta simples que é o coração do meu método. Da mesma forma, estou convencido de que uma jovem mulher em começo de carreira poderá alavancar seu potencial se domar o tempo da maneira como proponho. Uma mãe que trabalha em esquema de *home office* pode aprender a organizar melhor a gestão de seus clientes. Estagiários e gerentes encontrarão ferramentas e ideias para otimizar o dia a dia e abrir espaço para a breja depois das 6 com a sensação de que tudo o que era preciso fazer naquele dia foi feito, e bem-feito.

Sei disso porque o pior ainda não contei, embora tenha insinuado: também eu já me senti sufocado pelo tempo. Lembro-me de olhar para aquelas imagens de deuses indianos com muitos braços e pensar que era daquilo que eu precisava: muitos braços. E com uma enorme diferença contra mim. Na simbologia hinduísta, os vários braços representam as diversas qualidades dos deuses. Shiva, poderosa divindade do hinduísmo que simboliza a destruição e a regeneração, é representada em geral com quatro braços. Na representação iconográfica Nataraj, do Shiva que dança, o braço superior esquerdo carrega o fogo, para evocar a destruição; o braço superior direito, com o pequeno tambor, simboliza o princípio do masculino e do feminino; os dois braços adicionais parecem executar uma dança harmoniosa, como se reproduzissem o ritmo dos dias, sendo que um indica "não tenha medo" e o outro aponta para um demônio-anão, que seria a personificação da ignorância. Já eu queria ter vários braços simplesmente para dar conta de tudo o que precisava realizar a cada dia.

Por muito tempo, fui um cara bem-sucedido. Tinha uma trajetória profissional que a maioria das pessoas via com admiração, e que alguns, mesmo com o regulamentar exagero, já se atreveram a descrever como meteórica. Enxergando com os olhos de hoje, porém, percebo que na maior parte dela estive longe de conquistar a vitória mais importante da minha vida: tornar-me dono do meu tempo.

Minha característica-chave no campo profissional era executar mais que planejar. Como minhas equipes, motivadas e focadas, batiam suas metas, eu pouco percebia o quanto algumas técnicas, conceitos e hábitos de gestão poderiam melhorar ainda mais meu desempenho e o do meu time. Na verdade, eu estava em perfeita sintonia com o *Zeitgeist* do início do século XXI, que atendia pelo nome de "execução" – também nome de um livro, escrito por Ram Charan e Larry Bossidy, que então virou *bíblia entre os CEOs*. Vínhamos de tempos de Porter, Hamel e Mintzberg, grandes mestres e defensores da estratégia como o atalho para o sucesso das empresas e de seus gestores, e a virada de chave para a execução ganhou os holofotes.

Então, um dia, eu me defrontei com o extraordinário livro de Jack Canfield, Mark Hansen e Les Hewitt: *The Power of Focus*, que devorei em uma longa viagem do Brasil ao Japão. Com ele, eu me dei conta de que o voluntarismo e as longas horas de trabalho de nada serviriam se não tivéssemos foco. Mais que isso, percebi que precisávamos criar novos hábitos que nos levassem a ter foco, já que hábitos antigos e enraizados em nossos comportamentos diários dificilmente são derrotados por um reles momento de conscientização.

Naquelas longas horas a bordo, rebelei-me contra o tempo e, depois, resolvi que não começaria mais meus dias sem responder a uma simples pergunta que mudou a minha vida e da qual muito falaremos ao longo desta obra. Essa pergunta é:

O que eu não posso deixar de fazer hoje?

Parece algo simples. E é simples. No entanto, o fato de ter de responder a essa pergunta me obriga, todas as manhãs, a colocar em foco aquilo que nas matrizes de gestão de tempo costumam chamar de "importante e urgente".

Este é o relato de por que comecei a virar a chave do tempo e de como, sob a inspiração dessa questão simples e mágica, me tornei algo próximo do que levou o amigo Salibi a intuir um polvo. Espero que você encontre nas páginas deste livro a inspiração para se tornar o que sempre desejou ser por meio do domínio desse deus inexorável que nos governa a todos, que tem o poder de ferir e curar, de entristecer e alegrar: o tempo. Boa leitura!

CAPÍTULO 1

A equação do tempo no tempo das decisões

Sou um empresário e executivo e a essência do meu trabalho é decidir. Portanto, uma das maiores ameaças à minha carreira e à minha felicidade são as decisões erradas que posso tomar.

Talvez você, caro(a) leitor(a), não milite no mundo da gestão de empresas. Talvez trabalhe com artes ou com pesquisa. Quem sabe não é um profissional liberal. Talvez esteja começando no primeiro emprego. Talvez trabalhe em *home office*. Independentemente do seu *status* atual, você precisará manejar decisões que afetarão um número maior ou menor de pessoas. A ameaça que mencionei há pouco, portanto, continua presente.

Por que essa ameaça é tão crucial? Porque, mais do que nos fazer perder dinheiro, decisões equivocadas nos fazem perder *tempo*. Elas são o grande ralo por onde escorre o bem mais precioso que temos, cada vez mais escasso e desde sempre irrecuperável. A cada vez que tomamos uma decisão ruim, é preciso assumir o erro e começar de novo.

Veja: não estou falando de experimentação – de conceber e trabalhar na evolução de um produto. Isso é outra coisa, e muito importante, ainda que o conceito de "*fast cheap learn*", nascido no Vale do Silício, a meca norte-americana da inovação, venha ganhando espaço crescente quando se fala em inovação. Segundo esse conceito, o erro é bem-vindo, desde que se erre rápido, barato e se aprenda com ele para fazer melhor na vez seguinte. Não é desse erro que falo; refiro-me a decisões erradas que afetam todo o ecossistema e que exigem recomeços custosos e com alto potencial de dano.

A literatura sobre gestão tem trazido o erro para os holofotes, apontando seu valor como fonte de aprendizado. Faz sentido. É do líder sul-africano Nelson Mandela uma das manifestações mais preciosas sobre o tema: "Eu nunca perco; eu ganho ou aprendo".[*] **O problema é que ninguém insere o tempo na equação do erro.** Falamos o tempo inteiro na importância de errar, mas nos esquecemos de considerar esse fator crucial.

Imagine que você tenha duas moedas, A e B. A moeda A, quando jogada, tem 45% de chance de cair com o lado "cara" voltado para cima. A moeda B, quando jogada, tem 55% de chance de dar "cara". Se o resultado que você deseja é "cara", em qual das duas você apostaria?

---

[*] SCHLECKSER, J. Nelson Mandela's Secret to Wining. *Inc.com.* 21 jun. 2016. Disponível em: <https://www.inc.com/jim-schleckser/nelson-mandela-s-secret-to-winning.html>. Acesso em 30 out. 2019.

A resposta parece simples como tirar doce da boca de criança: a quase totalidade das pessoas apostaria na B, aquela com 55% de chance de dar "cara". No entanto, eis que jogamos a moeda e dá... "coroa". Minha pergunta é: você estava errado ao apostar na moeda B?

Não estava. O resultado é que foi diferente do esperado. Observe: não existe relação entre decisão e resultado, porque não se trata de uma equação. A brincadeira com as moedas é uma inequação; o resultado pode ser maior, menor ou até igual. Por isso, o tempo é fundamental.

Então, é preciso garantir o tempo antes; deve haver tempo para novas jogadas. Se isso ocorrer, suas chances de tirar "cara" aumentam. Só quando temos tempo é que podemos nos beneficiar do erro e usá-lo a nosso favor, como combustível da inovação. Quem não tem tempo para errar não tem tempo para, errando, buscar o novo; portanto, tem dificuldade para inovar. Quando tenho tempo posso errar, e quando posso errar estou pronto para aprender, porque, de tanto errar e corrigir, uma hora vou acertar. Quando não tenho tempo, posso me dar muito mal e levar muita gente comigo.

Ao assumir a presidência da República em março de 1990, Fernando Collor de Mello encontrou um país estagnado e asfixiado pela inflação. No ano anterior, 1989, a taxa acumulada fora de inimagináveis (só quem viveu aquele tempo sabe) 1.782,90%. Recém-empossado, com as esperanças de um país inteiro nas costas, Collor não tinha tempo para errar e desferiu logo um *ippon* na economia. No judô, o *ippon* é um golpe forte, veloz e aplicado com pleno domínio sobre o adversário, que cai perfeitamente de costas sobre o tatame ou permanece imobilizado por vinte segundos. Um *ippon* encerra a luta e dá a vitória a quem o executou. O *ippon* de Collor consistiu em sugar todo o dinheiro circulante no mercado, limitando os saques individuais a 50 mil cruzados novos e dando um tal choque na inflação que, de imediato, abateu-a. Com todo o dinheiro da população confiscado, "casos de infarto, suicídio, depressão abalaram lares dos brasileiros. Difícil é encontrar alguém que não tenha sofrido ou que não tenha ouvido contar, em sua família, um episódio dessa nossa desdita coletiva", narra a jornalista Miriam Leitão em seu livro *Saga brasileira: a longa luta de um povo por sua moeda*.* Ocorre que Collor errou. Eram tantas as distorções de seu plano econômico e tão amargo o remédio que enfiou goela abaixo da população, que a inflação logo voltou a rugir. Ela fecharia o ano de 1990 em 1.476,56%.

Errar sem tempo pode ser longo, caro e doloroso. Seja para um indivíduo, uma empresa ou um país. Ainda usando o exemplo da moeda brasileira, a inflação, a tal que Collor buscou esmagar com seu golpe "fatal", foi de 13,3 trilhões % nos quinze anos que antecederam a criação do real, segundo o livro de Miriam Leitão. Nada mais distante

---

* LEITÃO, M. *Saga brasileira: a longa luta de um povo por sua moeda*. 4. ed. Rio de Janeiro: Record, 2011, p. 156.

do conceito californiano de *fast cheap learn*. Obra longa é obra cara, dizem os mestres da obra. Quem já tocou uma reforma de casa sabe que eles têm razão.

Por meio de um exemplo simples, analisemos agora como o erro longo pode afetar o cotidiano de uma empresa. Imaginemos que eu precise contratar um gerente de marketing para a minha empresa. Fiz uma reunião com o departamento de recursos humanos (RH), brifei a equipe sobre o perfil desejado para a função e, de comum acordo, decidimos contratar um profissional de *headhunting*. Esse recrutador vai a campo e demora de dois a três meses para selecionar bons nomes do mercado. Novas reuniões com o RH da empresa para se chegar a uma lista tríplice: lá se foi um mês inteiro, possivelmente mais. Atenção: só até este momento já se passaram quatro ou cinco meses desde a decisão. Enfim, chega o momento em que batemos o martelo em um candidato, mas a pessoa está empregada e precisará cumprir o aviso-prévio, desincompatibilizando-se da função anterior. Somente um semestre depois o novo gerente estará a bordo do meu negócio. Então, vem o processo de integração e de ambientação à cultura da organização. Lá pelo quarto ou quinto mês após a chegada do novo executivo, acende-se uma luz amarela: começo a perceber que talvez ele não consiga se adaptar à cultura da minha empresa; talvez não tenha todas as habilidades técnicas desejadas; talvez não seja um líder inspirador e não tenha conseguido "ganhar" o time. Qualquer que seja a razão, está claro que fiz uma contratação errada. Um ano se passou. Demito o cidadão e começo novo processo: mais seis meses até fechar uma nova contratação.

O problema maior nem é a perda de dinheiro – *headhunter*, treinamento, contratação, demissão –, embora também seja; o problema maior é que tivemos aí um cargo que ficou um ano e meio sem apresentar performance. Perdi um tempo enorme, enquanto empresas que competem comigo no mercado possivelmente se beneficiaram de ter um gerente de marketing atuante e a minha não.

Parece exagerado, mas acontece todos os dias nas maiores empresas do Brasil e do mundo. Perceba as consequências de uma decisão errada. Perceba que o tempo que perdi pode ser crucial para o desempenho do meu negócio.

Não estou dizendo que as pessoas não podem errar. Podem, devem e erram. Para uma situação como essa que acabo de descrever, porém, vale lembrar da importância do tempo na equação do erro. Concebi uma regrinha que aplico em casos assim: *devagar na contratação, rápido na demissão*. Mais do que uma regra, transformei esse aforismo em dogma. Quem inverte o jogo e se apressa em contratar corre um risco alto de contratar errado; então, resolve dar uma chance para o contratado ("Quem sabe ele se sai melhor se tomarmos tal ou tal providência?") e segue perdendo tempo. Defendo que, quando se conclui que a pessoa errada está no lugar errado, não há o que fazer senão demitir logo. Todo profissional de RH sabe da importância de ter as pessoas certas nos lugares certos. Isso é algo com que não se brinca. A pessoa certa no lugar errado pensa: *Essa empresa não é para mim*, e, desmotivada, vai embora; perde-se um talento. A pessoa errada no lugar certo tem potencial para quebrar uma empresa.

Essa não é uma decisão só do RH, é claro, e sim do gestor, do líder que está contratando. O RH pode auxiliar, naturalmente, provendo ferramentas, como *assessments*, mas a decisão final, inalienável, é do gestor.

Ao longo da carreira, todo gestor aprende a tomar decisões corretas na maioria das vezes; se não consegue aprender, não avança. Isso implica ter, às vezes inconscientemente, uma percepção muito clara do impacto do tempo.

Ao longo da *minha* carreira, descobri que há um caminho quase infalível para tomar as melhores decisões. Esse caminho tem nome: planejamento.

Planejar é decidir o que fazer. Construir uma sequência de ações programadas no tempo com vistas a um resultado desejado. Para planejar é preciso ter um diagnóstico do cenário, uma estratégia e uma meta bem construída, é claro. No fundo, porém, trata-se de algo simples assim: preciso fazer uma sessão de coaching às 18h30. Para que ela ocorra no horário, devo sair do meu escritório para o do meu coachee às 17h30, pois moramos em São Paulo e o trânsito é um elemento de risco. Pronto: planejei, decidi. E essa pequena decisão – observe –, como todas, mesmo as grandes, envolve o relacionamento com o tempo.

O tempo é tão importante na nossa vida que não conseguimos viver sem medi-lo. Por mais bem-sucedidos que sejamos, não é possível comprá-lo. Bill Gates, o fundador da Microsoft e um dos homens mais ricos do mundo, declarou certa vez que uma das maiores lições que aprendeu com outro dos homens mais ricos do mundo, o megainvestidor Warren Buffett, foi sobre a importância de proteger esse bem valioso. "Não importa quanto dinheiro você tenha, não é possível comprar mais tempo. Há apenas 24 horas no dia de todo mundo. Warren tem uma percepção aguçada disso. Não deixa que preencham sua agenda com reuniões inúteis", disse em entrevista à revista *Inc.*[*] Note o leitor que Buffett não comparou tempo a dinheiro, como já foi moda fazer. Tempo é muito mais importante do que dinheiro. "Tempo não é dinheiro", dizia o sociólogo e professor Antonio Candido. "Essa é uma brutalidade que o capitalismo faz, como se o capitalismo fosse o senhor do tempo. Tempo não é dinheiro. Tempo é o tecido da nossa vida."

Tempo pode ser nosso maior carrasco (quando o trânsito nos impede de assistir à apresentação teatral do filho pequeno) e nosso melhor aliado (quando o juiz prolonga a partida de futebol em dois minutos e nosso time do coração

---

[*] BARISO, J. Bill Gates, Warren Buffett, and Steve Jobs All Used 1 Word to Their Advantage–and It Led to Amazing Success. *Revista Inc.*, 27 jun. 2019. Disponível em: <https://www.inc.com/justin-bariso/bill-gates-warren-buffett-steve-jobs-all-used-1-word-to-their-advantage-and-it-led-to-amazing-success.html>. Acesso em: 18 out. 2019.

marca o gol da vitória justo nesse acréscimo!). Curiosamente, porém, a maioria das pessoas mantém com o tempo uma relação belicosa. Recrimina-o por não ter terminado uma tarefa no prazo. Acusa-o de passar depressa demais. "Como é possível que meu filho caçula já esteja na faculdade?", nos perguntamos às vezes. Como é possível que já estejamos em setembro, se ontem mesmo brindamos ao Ano-Novo? Deixamos que o tempo nos escravize e determine os ritmos da nossa vida, em vez de nos tornarmos senhores dele.

Em uma empresa, a gestão do tempo é fundamental para a sobrevivência do negócio, e por isso todo gestor precisa aprender a lidar com ele, independentemente de sua posição na hierarquia, planejando os próximos passos da organização, do departamento, de sua equipe – por menor que esta seja. Abordo aqui esse gerenciamento.

Decidir melhor significa planejar melhor, e vice-versa. O tempo é parte imprescindível de uma boa decisão.

O ponto de partida para incluir o tempo nessa equação é questionar com mais ousadia, e amplitude, sua relação com o tempo.

Se você pode planejar tão meticulosamente o seu trabalho, por que não faz o mesmo com a *sua vida*? Por que cuidamos do tempo no trabalho, mas não damos a ele a atenção necessária quando se trata de levar uma vida com mais qualidade?

Porque não é fácil. Aliás, foi dificílimo. Eu aprendi a duras penas. Sofri muitos reveses e então fui entendendo, nem sempre no melhor estilo *fast cheap learn*, mas aprendi de verdade, ajudado pelo fato de ter múltiplos chapéus. Acredito com convicção, portanto, na capacidade de todos os indivíduos de mudar sua vida para se tornarem senhores do seu tempo.

Os conceitos básicos deste capítulo:

▶ Decisões equivocadas ameaçam nossa carreira e nossa felicidade, pois nos fazem perder tempo.

▶ O erro pode ser educativo. O problema é que pouca gente se lembra de inseri-lo na equação do tempo.

▶ Errar sem tempo de corrigir a rota pode ter consequências duradouras, caras e dolorosas.

▶ Há um caminho quase infalível para tomar as melhores decisões: o planejamento.

▶ Se planejamos o que faremos no trabalho, por que não planejamos o que será da nossa vida?

CAPÍTULO 2

A virada da chave: afastando o impostor, acolhendo a alegria

Houve dois momentos de grande impacto no processo de transformação pessoal que me fez desembocar em uma relação nova e bonita com o tempo.

O primeiro foi em 1994, quando me tornei presidente da Polaroid. Era uma multinacional que teve seu auge quatro décadas atrás e pode ser descrita como "a Microsoft de seu tempo". Percebeu que não havia máquina fotográfica que revelasse fotos na hora – e lançou-se a esse mercado com garra e tecnologia. Eu tinha apenas 37 anos. No meu primeiro dia de trabalho, ajustando a gravata diante do espelho de casa, vislumbrei o menino que fui, filho de imigrantes portugueses que, aos 8 anos, engraxava sapatos e, aos 13, foi trabalhar como balconista em uma loja de artigos fotográficos. A pergunta, outra vez, veio de maneira muito natural: "Como é que esses caras me contrataram para ser presidente de uma multinacional?".

A verdade é que nem eu mesmo sabia. E, por não saber, levantei duas hipóteses. Primeira: pensei que eu talvez enganasse bem pra caramba. Nesse caso, só havia uma atitude possível: ligar e dizer que não iria, que tudo tinha sido um equívoco e pronto, acabou-se minha carreira de executivo. Segunda: eles me conhecem bem melhor do que eu mesmo me conheço. Fosse essa a hipótese correta, eu teria que provar a mim mesmo que estavam certos.

No extenso percurso entre Alphaville, na Grande São Paulo, onde eu morava, e a avenida Paulista, onde ficava a sede da empresa, resolvi que os dirigentes da Polaroid tinham feito muito bem em me contratar. Lembro-me do carpete grosso da sala que ocupei, na esquina do prédio, com uma linda vista para a avenida, e do frio na boca do estômago no primeiro dia, mas decidi que CEO seria meu estado de espírito dali por diante e o incorporei. No trânsito "anda e para" da rodovia Castello Branco, passei a limpo mentalmente minhas habilidades e meus pontos fracos: o que fazia bem, o que nem tanto, o que ainda precisava dominar. Construí um triângulo, uma forma que aprecio especialmente, sobre o qual logo falarei; se o círculo é a figura mais democrática da geometria, o triângulo é a mais estável. Uma hora e meia depois, cheguei à sede da empresa confiante de que daria conta do recado, como dei. No entanto, para isso, tive que superar o pânico que me invadiu e afastar a síndrome do impostor que, por alguns momentos, tinha tomado conta de mim, com suas garras paralisantes.

O segundo momento foi no final de 1999. Eu estava em Boston, nos Estados Unidos, negociando formalmente o meu desligamento da mesma Polaroid. Tudo caminhava conforme o previsto, mas eu não me sentia bem. Lembro-me de passar um dia e uma noite febril, acamado no quarto de hotel. Fazia muito frio e o diagnóstico médico, uma gripe, me pareceu plausível. No entanto, na volta ao Brasil, a febre persistiu e se fez acompanhar de uma tosse inquietante. Procurei meu primo Julio Correia Alves Junior, médico de grande competência, que, após uma bateria de exames, referiu-se às manchas que encontrou em meu pulmão como "uma inflamação, mas também pode ser um linfoma".

O linfoma é um câncer que acomete as células do sistema imunológico da pessoa, e pode ser mais ou menos agressivo, dependendo do tipo. Se hoje muitos casos têm opções eficientes de tratamento e bom prognóstico – os atores Reynaldo Gianecchini e Edson Celulari recuperaram-se da doença –, naquela época sabia-se muito menos sobre o assunto. Natural, portanto, que eu desmoronasse. No meu livro *Reinventando você* (2009), escrevi: "Não temia a morte, mas o fim da vida. E existe uma grande diferença. Queria ver meu filho mais velho formado, e o mais novo aprovado no vestibular".* (Veja só de quem estamos falando, mais uma vez: dele mesmo, do tempo.) Entrei no novo milênio sob a pressão de uma biópsia que definiria meu destino. Eu tinha 41 anos.

---

* JÚLIO, C. A. *Reinventando você – A dinâmica dos profissionais e a nova organização*. Ed. Compacta. São Paulo: Campus, 2009, pp. 4-5.

O diagnóstico definitivo foi um grande alívio para mim e minha família. Eu não tinha câncer, afinal, e sim uma doença autoimune, sarcoidose, que poderia ser controlada com o uso de corticoides. Abracei meus filhos e minha mulher como nunca, sentindo-me abençoado com uma segunda chance para definir meus caminhos e, após muita reflexão, percorrê-los com mais alegria e integralidade. O momento não poderia ser mais perfeito. Eu estava fechando meu ciclo com a Polaroid e, pela primeira vez desde moleque, não emendaria um trabalho em outro. Era hora de repensar minha vida. Meu mundo era meu trabalho. Aquela doença, que poderia ter sido tão séria, mas por sorte não foi, talvez tenha sido o meu primeiro contato real com o meu corpo físico, que me mandava, naquele instante, o seguinte aviso: "Ei, aonde você pensa que vai agindo dessa maneira? Você pensa que é o Super-Homem?".

Atualmente, faço trabalhos como coach para vários presidentes de empresa, e encontro em muitos deles a mesma energia que eu tinha lá atrás – e isso não é bom, já adianto. São profissionais esplêndidos, altamente gabaritados, que comandam equipes em dezenas de países e tomam decisões que impactam milhões de acionistas nos cinco continentes. Eu os analiso e penso: *Esse cara ainda não fez contato com o próprio corpo, e no dia em que o corpo se impuser, ele vai ter que segurar um rojão.* Embalados pelas circunstâncias, esses executivos não conhecem limites.

Às 5 da tarde, decidem que precisam viajar para outro país; embarcam às 11 da noite, tensos até a medula, fazem uma reunião em outro fuso horário e voltam na noite seguinte para uma nova jornada de decisões. E assim vão tocando, até a hora em que, como aconteceu comigo, virem-se engolidos por um tsunami.

Quando foi minha vez, considerei o susto como um presente de Deus, uma possibilidade única de entender que devemos viver cada dia como se fosse o único, saboreando as cores do amanhecer e o amparo de um abraço.

Esses dois eventos fortes, um profundamente mental, o outro intensamente físico, foram vitais para redesenhar minha relação com o tempo. Hoje, quando enumero todos os meus papéis, muitos querem saber como consigo. Os esotéricos se aferram à tese de que sou virginiano e, por definição astrológica, extremamente organizado. Os que ainda não são chefes – portanto, de modo geral, têm chefes – acham que só consigo fazer tanto porque não tenho chefe (tenho acionistas e sócios, o que pode ser mais desafiador ainda) e conto com uma supersecretária (o que é verdade: conto, de fato, com a melhor que existe no mundo). Outros me chamam de workaholic, o que já foi verdade, hoje não é mais. A verdade é muito mais simples: sou dono do meu tempo. Eu me planejo com técnicas que desenvolvi em uma vida de apuros e sucessos, de tensões e soluções. Refiro-me ao triângulo que desejo explorar nesta obra, e que tem três elementos:

1. Foco. É a capacidade de dizer não. O que nos tira do foco é cada "sim" que dizemos inadvertidamente. Quem diz "sim" a tudo se perde nas tarefas, e as horas nunca serão suficientes para dar conta de tudo. Observe, porém, que não me refiro ao "não" contumaz, dito por aqueles que negam tudo e nada fazem. Refiro-me ao "não" que orienta as ações, que prioriza o dia, a semana e o mês para atingir a entrega do ano.
2. Disciplina. É simplesmente fazer o que dissemos que faríamos. Uma pessoa disciplinada é aquela que cumpre o que se dispôs a realizar no tempo combinado. Simples assim. Se você tem um colaborador disciplinado, não precisa cobrá-lo por suas tarefas o tempo todo; ele entregará o esperado no prazo prometido.
3. Organização. O dicionário *Houaiss* oferece vários significados para esse substantivo, mas fico com este: "ordenação das partes de um todo; arrumação". Meu amigo e filósofo Mario Sergio Cortella talvez dissesse que se trata simplesmente de ação organizada. É aqui que se ganha o jogo!

Esse triângulo mudou completamente minha vida pessoal e profissional e me deu suporte para desempenhar bem vários papéis ao mesmo tempo. Hoje tenho certeza de que você, para alcançar sua máxima eficácia profissional, precisará de foco, disciplina e organização.

Individualmente, qualquer uma dessas práticas é muito poderosa, porque a maioria das pessoas não as desenvolve.

Portanto, o simples fato de ter uma delas já constitui vantagem competitiva significativa no seu dia a dia, em quaisquer esferas por onde circule. Já faz de você um profissional diferenciado. Quando se consegue conjugar as três – e elas são mais do que sinérgicas –, o que se tem é nitroglicerina pura. Ou, para usar um termo do momento, é algo que lhe permite o crescimento exponencial, aquele que é discreto e silencioso por um período e, de repente, salta aos olhos.

Em quase meio século de vida profissional (acredite se quiser: já completei 50 anos ininterruptos de labuta) tive o privilégio de conhecer e trabalhar com gestores e gestoras extraordinários, empreendedores e empreendedoras de grande envergadura, líderes que levaram suas empresas a excepcionais conquistas e resultados. No entanto, mesmo entre os bons há sempre os campeões, aqueles que formam grandes equipes, criam produtos inéditos e lançam serviços inovadores; estes – repare sempre que tiver oportunidade – não abrem mão da tríade foco-disciplina-organização.

Essas três práticas se potencializam mutuamente. Pense comigo: quem tem disciplina não abandona o foco, e a disciplina sem foco é inócua. Se somamos a organização ao foco e à disciplina, a entrega é muito mais rápida e de melhor qualidade.

Fazer essa conjugação pedirá da maioria, como lá atrás pediu a mim, uma quebra de velhos hábitos. Nessa hora, vale evocar Heráclito de Éfeso, o filósofo grego da impermanência. Para ele, cada coisa no Universo se movimenta em um eterno fluir, sendo e não sendo ao mesmo tempo. É de Heráclito a conhecida ideia de que ninguém se banha duas vezes no mesmo rio, pois a água que nos acolhe a cada mergulho não é a mesma da vez anterior. Portanto, harmonize-se com a tese de que tudo deve fluir e permita-se novos voos.

Se você me acompanhou até este momento, quero acreditar que compreende o impacto do tempo sobre sua carreira e também sobre sua vida. Espero que tenha decidido seguir em frente na leitura, pois este livro traz as ferramentas para construir um relacionamento gentil com o tempo, usando-o a seu favor para garantir – de novo – não apenas ganhos notáveis de produtividade e qualidade, mas a grande recompensa que todos buscamos, que é uma vida mais feliz. Quando uma pessoa entende como o tempo pode ser corrosivo ou, ao contrário, amigo, dificilmente deixará de fazer algo a respeito. Eu decidi. Venha comigo.

> **Os conceitos básicos deste capítulo:**
>
> ▶ Você está em harmonia com os limites do seu corpo? Pois essa harmonia é vital para a nossa saúde, sanidade e felicidade.
>
> ▶ É possível redefinir a nossa relação com o tempo utilizando o triângulo foco-disciplina-organização.
>
> ▶ Individualmente, qualquer uma dessas práticas já diferencia um profissional no mercado. Quem for capaz de conjugar as três será fora de série.
>
> ▶ Para fazer essa conjugação, a maioria de nós terá que mudar hábitos ruins e arraigados. Mas esse esforço valerá a pena.

CAPÍTULO 3
....

O tempo para a felicidade

Nos anos 1800, um cidadão norte-americano que quisesse viajar de Nova York, na costa leste dos Estados Unidos, para a Califórnia, na costa oeste, levaria alguns meses para atravessar o país no dorso de um cavalo.* Pouco mais de um século depois, por volta de 1930, trafegando por ferrovias mais modernas e movidos a vapor, os trens faziam esse trajeto em cerca de quatro dias. Com o advento da aviação comercial, os 4 mil quilômetros entre Nova York e Los Angeles passaram a ser percorridos em um voo de pouco mais de cinco horas. Hoje, pessoas nessas duas cidades podem se conectar pelo Skype ou pelo FaceTime e conversar em tempo real olhando-se nos olhos.

A tecnologia foi "encolhendo" o mundo e, generosamente, nos presenteou com mais tempo para o que realmente interessa. Isso se soubermos utilizá-la com sabedoria.

---

* RICHARD, M. G. How fast could you travel across the U.S. in the 1800s? *Mother Nature Works*, 26 dez. 2012. Disponível em: <https://www.mnn.com/green-tech/transportation/stories/how-fast-could-you-travel-across-the-us-in-the-1800s>. Acesso em: 13 out. 2019.

Em 1965, quando enunciou o conceito que leva seu nome, o cientista Gordon Earle Moore, fundador da fabricante de processadores Intel, possivelmente não vislumbrava a total potência dos efeitos da tecnologia no cotidiano de pessoas e empresas. Segundo aquela que ficou conhecida como a lei de Moore, o poder de processamento dos chips de computadores dobraria a cada dezoito meses sem que houvesse aumento no custo. Atualmente, há muitos debates sobre uma provável desaceleração da lei, por conta, sobretudo, dos limites de utilização do silício e da necessidade de desenvolver novas soluções, mas o fato é que, até recentemente, boa parte das grandes empresas de tecnologia usava a lei de Moore como meta de suas pesquisas. Graças a isso, houve os avanços notáveis que testemunhamos hoje, e há muito mais por vir. De acordo com os pesquisadores da Singularity University, instituição focada em tecnologias de crescimento exponencial, em 2024 – logo ali! –, todos os habitantes do planeta estarão conectados à internet a uma velocidade fenomenal. A revolução genética, que nos permitirá reprogramar nossa biologia, nos empurrará rumo à "virtual eliminação das doenças, expansão dramática do potencial humano e prolongamento radical da vida", segundo o inventor e futurólogo Ray Kurzweil.[*]

---

[*] MCSHANE, S.; DORRIER, J. Ray Kurzweil Predicts Three Technologies Will Define Our Future. *Singularity Hub*, 19 abr. 2016. Disponível em: <https://singularityhub.com/2016/04/19/ray-kurzweil-predicts-three-technologies-will-define-our-future/>. Acesso em: 18 out. 2019.

Os próximos anos dirão o que havia de verdade e fantasia nas previsões dos criadores do que é hoje um dos mais radicais centros de inovação do mundo, mas a grande pergunta que restará, como sempre, será a mesma: afinal de contas, o que realmente importa?

Essa pergunta faz eco em minha mente desde que, há alguns anos, li uma entrevista de Eduardo Giannetti, o economista que traz a felicidade para o centro de suas reflexões sobre o nosso tempo. Em seu livro *Felicidade* (2002), ele já mencionava um *button* muito popular nos anos 1970 que estampava a seguinte frase: *"Technology is the answer. But what is the question?"* [em tradução livre, "A tecnologia é a resposta. Mas qual é a pergunta?"]. Compartilho aqui um trecho daquela entrevista, concedida à revista *Página22*, que me impressionou profundamente. Convido você a refletir sobre as palavras de Giannetti:

> Tudo hoje nos é vendido como tecnologia para economizar tempo e, no entanto, carecemos cada vez mais de tempo para fazer aquilo que desejamos. O cineasta alemão Werner Herzog dizia que a solidão humana aumentará na proporção exata do avanço dos meios de comunicação. Nós estamos no mundo das solidões interativas. As pessoas estão hiperconectadas e cada vez mais solitárias. E têm muita dificuldade de estabelecer vínculos humanos permanentes, contentando-se com relações fluidas e superficiais.

Tenho milhares de amigos numa rede social e não conheço ninguém.*

Sou um dos que têm milhares de conexões em redes diversas, mas aqueles a quem, de fato, posso pedir ajuda contam-se nos dedos das mãos. Alguém aí discorda?

Quando fazemos uma pausa no turbilhão de cada dia para pensar sobre o que realmente importa a cada um de nós, muitos possivelmente evocarão o convívio com a família e com as pessoas queridas, a alegria de aprender, o contato com a natureza. O problema é que raramente conseguimos incorporar ao dia a dia as nossas aspirações mais profundas. Em vez disso, corremos atrás de dinheiro, embalados em uma maratona para poder consumir mais do que os amigos ou parentes. Cadê o tempo para pisar na terra, tomar chuva em uma tarde de verão, ir ao cinema na segunda-feira à tarde, fazer uma viagem para aquele lugar que prometemos a nós mesmos que vamos conhecer antes de morrer? Observe que ele aparece aí de novo, em estreita e indissociável conexão com a felicidade. O tempo.

No dicionário, felicidade é "o estado de uma consciência plenamente satisfeita". Uma obra-prima, segundo a escritora belga Marguerite Yourcenar: "o menor erro a deturpa, a

---

* PÁGINA22. A pergunta motriz. 8 mar. 2011. Disponível em: <http://pagina22.com.br/2011/03/08/a-pergunta-motriz/>. Acesso em: 18 out. 2019.

menor hesitação a altera, a menor deselegância a estraga, a menor tolice a embrutece".* Uma casa cujo maior cômodo é a sala de espera, dizia o autor francês Jules Renard. Mas talvez devêssemos pensar em felicidade simplesmente como o grau de satisfação geral com a vida que levamos, considerando ainda o quanto fomos capazes de desenvolver o potencial com que nascemos e que fomos capazes de identificar em nós mesmos.

Felicidade hoje é assunto sério, objeto de vários campos de pesquisa – da economia à neurociência. Há pesquisadores, como a norte-americana de origem russa Sonja Lyubomirsky, autora de um livro interessante, *The How of Happiness* [O "como" da felicidade, em tradução livre], que defendem a ideia de que 50% da nossa capacidade de ser felizes vem dos nossos genes, ante 10% de participação de circunstâncias externas e 40% de atitudes individuais. Para o psicólogo norte-americano Edward Diener, um dos expoentes da Psicologia Positiva, a felicidade mais duradoura está ligada à consolidação dos laços de afeto entre seres humanos. Shawn Achor, professor de Harvard e autor do livro *O jeito Harvard de ser feliz*, fez uma série de pesquisas para comprovar que felicidade é um sentimento interconectado; você só sustenta a própria felicidade quando ajuda os outros a ser felizes também. Hoje, um país inteiro, o Butão, na Ásia, baseia suas decisões de investimento e

---

* BARELLI, E.; PENNACCHIETTI, S. *Dicionário das citações*. 1. ed. São Paulo: Martins Fontes, 2001, p. 45.

políticas públicas em um indicador conhecido pela sigla, em português, FIB (Felicidade Interna Bruta). Esse índice, que faz contraponto ao PIB (Produto Interno Bruto), considera não apenas a produção de bens e serviços no cômputo da riqueza do país, mas, dentro da tradição do budismo, acolhe também o bem-estar do povo.

E adivinhe?

O tempo está subjacente a todos esses conceitos. Um dos fatores de Felicidade Interna Bruta é o uso equilibrado do tempo entre as várias esferas da vida. Há que se ter tempo para ajudar os outros a serem felizes e para desenvolver laços de afeto, tanto quanto tempo para suas coisas. É preciso achar tempo para melhorar atitudes individuais e o modo de processar circunstâncias externas e, assim, compensar uma eventual genética desfavorável no quesito felicidade. Esse uso equilibrado do tempo, acredito, é o maior desafio de todos nós, um desafio que se renova a cada fase da vida.

Os conceitos básicos deste capítulo:

▶ A tecnologia nos presenteou com mais tempo para o que realmente nos interessa.

▶ Sendo assim, a pergunta de 1 milhão de dólares é: "O que de fato importa na nossa vida?".

▶ Mesmo que tenhamos a resposta, raramente conseguimos incorporar ao cotidiano as nossas aspirações mais profundas. E a felicidade parece cada vez mais distante.

▶ O uso equilibrado do tempo é fator de felicidade.

CAPÍTULO 4

Cronos, Kairós e a raiz da ansiedade nossa de cada dia

Séculos antes de Cristo, os gregos já entendiam a complexidade do tempo. Em um esforço para contemplá-la e traduzi-la para os mortais comuns, criaram duas divindades para dar corpo às duas facetas do tempo: Cronos e Kairós.

Cronos é o deus do tempo que se conta. Na mitologia grega, nasceu do encontro carnal entre Gaia, a Mãe Natureza, e Urano, seu irmão celeste, em meio ao Caos que ainda reinava no Universo. No entanto, essa não era uma história de amor: Urano era um amante voraz, que fecundava Gaia incessantemente, mas não permitia que seus filhos saíssem do ventre da deusa-mãe. Gaia, por sua vez, sabia que só conseguiria povoar a Terra quando desse à luz as criaturas que abrigava dentro de si. Então, faz um pacto com Cronos, o mais ambicioso dos filhos que trazia em sua imensa barriga: com parte de seu corpo, forjou uma foice de ferro e a entregou ao filho para que este mutilasse o pai. Quando Urano se aproximou para mais uma vez fertilizar Gaia, Cronos atacou-o, decepando sua genitália com a foice e a atirando-a ao mar. Impotente, Urano subiu até a abóboda celeste e nunca mais pisou na Terra. Do alto, porém, lançou uma maldição sobre Cronos por ter se voltado contra o próprio pai.

Assim que Cronos é libertado do ventre de Gaia, começa o tempo tal como o conhecemos, contado em dias e noites, que compõem anos divididos em estações nas quais se planta e se colhe, e gerações de deuses se sucedem. O mundo aos poucos toma forma. Cronos, contudo, temia a concretização da praga rogada pelo pai. Sabia que, cedo ou tarde, pagaria por sua ousadia, e que seus filhos um dia o destronariam, da mesma forma que ele próprio tinha feito com Urano. Assim, quando se uniu a Reia, uma de suas irmãs, igualmente parida por Gaia, tratou de se certificar de que seus filhos não sobrevivessem. Foram seis: três filhas, Héstia, Deméter e Hera, e três filhos, Hades, Poseidon e Zeus. Bastava que Reia desse à luz uma criança e Cronos logo a devorava, para que não se tornasse uma ameaça. Quando estava grávida do caçula, Zeus, e triste por sentir-se de mãos atadas diante da sede de poder de Cronos, Reia armou um plano: afastou-se para parir longe dos olhos do marido, entregou seu filho às ninfas e deu a Cronos uma pedra embrulhada em fraldas, que ele engoliu sem se dar conta do engano.

Zeus cresceu em segurança longe da ira paterna, sabendo que sua missão seria vingar o avô. Adulto, voltou à casa de sua mãe e, orientado por Métis, a deusa do bom conselho, ofereceu ao pai uma poção que o fez vomitar os cinco filhos que engolira – e a pedra oferecida no lugar de Zeus. Por terem vencido Cronos, o deus do tempo, Zeus e seus irmãos tornaram-se imortais. Começa assim uma nova ordem no mundo, sob o governo de Zeus.

Zeus era um amante incontrolável e uniu-se a muitas divindades. Com Tique, deusa da fortuna e da prosperidade, teve Kairós, o deus da oportunidade. Segundo a mitologia, Kairós era um jovem belo, com asas nos ombros e nos joelhos, ágil e atlético. Dizia-se ainda que era calvo, exceto por um cacho no alto da cabeça; movia-se tão depressa que, para capturá-lo, era necessário agarrá-lo pelo tufo de cabelos e olhá-lo de frente. Faça uma pausa para refletir sobre a força dessa metáfora; ela evoca a oportunidade, que é preciso segurar com força quando passa por nós porque não sabemos se e quando voltará. Para os gregos, Kairós simbolizava o tempo que não pode ser cronometrado – observe que a palavra "cronômetro", naturalmente, deriva de Cronos, o tempo inevitável e irrevogável. Muito diferente do tempo de Kairós, que se refere aos momentos que se eternizam na memória. O tempo interno, aquele que não se mede em horas, dias e meses, e sim em experiências; que não é prisioneiro de Cronos, mas um tempo livre. Os gregos acreditavam que Kairós era a única divindade com potencial para derrotar o poderoso Cronos, e por isso dedicavam a ele especial apreciação.

Por que eu trouxe essas belas e trágicas referências mitológicas para este livro? Porque acredito que o conflito entre esses dois tempos, Cronos e Kairós, externo e interno, está na raiz da ansiedade, a grande doença do mundo moderno. Quem não entender e conjugar a dinâmica entre eles correrá um risco real de sabotar a própria vida e carreira. Quanto tempo tem o tempo que passamos no centro cirúrgico à espera do anestesista que nos fará dormir antes de uma intervenção? Quanto tempo tem o mergulho em um rio de águas prateadas, flutuando em harmonia com peixes multicores? Passamos a vida divididos entre dois tempos, sem saber como conciliá-los – perguntando-nos até mesmo se é possível sintonizá-los.

O tempo de Cronos, a exemplo da divindade mitológica, é um tempo tirano, que nos persegue com seu chicote cobrando execução e pontualidade. O tempo de Kairós é o tempo que desejamos, com qualidade, realizações, felicidade; acontece independentemente dos rigores de Cronos, mas, como o deus que simboliza, é fugaz, volátil. "É tão difícil para mim acreditar no tempo", disse certa vez a escritora norte-americana Toni Morrison, Prêmio Nobel de Literatura em 1993.

Algumas coisas vão embora. Passam. Algumas coisas ficam. Eu pensava que era a minha rememória. Sabe? Algumas coisas você esquece. Outras coisas, não esquece nunca. Mas não é. Lugares, os lugares ainda estão lá. Se uma casa pega fogo, desaparece, mas o lugar – a imagem dele – fica, e não só na minha memória, mas lá fora, no mundo.

Assim é o tempo, uma miragem, um animal à espreita. Adélia Prado compreendeu o mesmo que Toni Morrison e escreveu: "É que a memória é contrária ao tempo. Enquanto o tempo leva a vida embora como vento, a memória traz de volta o que realmente importa, eternizando momentos".

Podemos dominar Cronos com uma agenda meticulosa e cumprida à risca, mas isso não garantirá a nossa felicidade, porque ela precisa de Kairós. É nesse equilíbrio delicado que navega a conquista de uma vida mais feliz.

De novo, a poeta Adélia Prado já disse que a vida deve ser "mais tempo alegre do que triste". Em uma entrevista, ela ofereceu uma receita para garantir mais tempo alegre:

> Nós todos padecemos de uma angústia imensa; uma das primeiras angústias humanas, que é a angústia do tempo, da finitude, nós começamos e acabamos, somos finitos, nós passamos. A obra de arte não sofre esse desgaste, ela está fora do tempo. Uma emoção muito profunda que você teve, uma paisagem muito bela que você viu, qualquer coisa que te comoveu e passou. Mas, quando aquilo é apreendido num quadro ou numa poesia, qualquer forma de arte, essa obra segura o tempo para mim. Ela não apenas segura o tempo, mas tem uma qualidade que nós perseguimos sempre, que

é a unidade do nosso ser, a unidade da nossa experiência, porque nós vivemos de maneira fragmentada.*

Entendi instantaneamente o que Adélia disse. Logo, lembrei-me do meu passado de fotógrafo, e do orgulho de ter tido uma foto minha estampando a capa da revista *Realidade*.

A foto é uma âncora que está fora do tempo, que não deixa o tempo escorrer em vão. Qualquer foto pode ser uma âncora que segure o tempo, assim como textos pessoais – cartas, diários etc. Vik Muniz, artista mundialmente conhecido por um trabalho baseado em fotos, tem a tese de que as pessoas andam se perdendo e tão profundamente angustiadas nos dias atuais também porque não conseguem mais materializar suas referências de vida. Isso era frequentemente feito, diz ele, por meio das fotografias reveladas – fotos de família, fotos de momentos vividos com amigos ou no trabalho, fotos de viagens e assim por diante. Com as fotografias mantidas em arquivos digitais, mesmo se publicadas em redes sociais com *timeline* eternamente atualizada, a materialização das referências e o enraizamento do tempo ficaram mais difíceis e a angústia aumentou.

---

* ALMEIDA, M. Adélia Prado / Aula Magna: o poder humanizador da poesia. *Nossa brasilidade*, 19 abr. 2012. Disponível em: <https://nossabrasilidade.com.br/adelia-prado-aula-magna-o-poder-humanizador-da-poesia/>. Acesso em: 13 out. 2019.

Os conceitos básicos deste capítulo:

▶ Cientes da complexidade do tempo, os gregos criaram duas divindades para representá-lo: Cronos (o tempo externo, aquele que se conta) e Kairós (o tempo interno, das nossas realizações e desejos).

▶ O conflito entre esses dois tempos está na raiz da ansiedade que nos acomete e é a grande doença da atualidade.

▶ É possível dominar Cronos com uma agenda organizada, mas, para sermos felizes, precisaremos também desvendar Kairós.

▶ Há maneiras práticas de lidar com Kairós, entre as quais, as memórias registradas e a arte.

CAPÍTULO 5

Zeca Pagodinho, Doris Day e *time management*

Para a maioria de nós, lidar com as demandas de Cronos já suga energia suficiente para iluminar uma cidade. Entra em cena então o *time management*, disciplina consolidada no ambiente empresarial que nos ajuda no processo de planejar (lembre-se: planejar = decidir o que fazer) e controlar o tempo que dedicaremos à execução de cada uma das atividades do nosso planejamento. Você talvez já tenha lido a obra *Os 7 hábitos das pessoas altamente eficazes*, hoje um clássico, lançado em 1989 pelo consultor que se tornou praticamente um papa na literatura sobre o assunto: Stephen Covey (1932-2012).* Suas teorias, encorpadas em 1994 com a publicação de *Primeiro o mais importante*, ensinaram mais de uma geração a organizar o tempo de

---

* JACKSON, E. The Only Thing You Need To Remember About The Seven Habits of Highly Effective People. *Forbes*, 24 jul. 2012. Disponível em: <https://www.forbes.com/sites/ericjackson/2012/07/24/the-only-thing-you-need-to-remember-about-the-seven-habits-of-highly-effective-people/#2ae3041b67f7>. Acesso em: 18 out. 2019.

maneira a garantir o máximo de produtividade e seguem válidas. Ainda hoje, um dos cursos mais requisitados da Franklin Covey, a multinacional fundada por ele, atuante e conceituada mesmo após sua morte, é justamente o de fundamentos da gestão do tempo. No site da consultoria, há um vídeo divertido que apresenta as empresas hoje como "campos de batalha", com pessoas em suas baias sendo soterradas pelo "cascalho" das tarefas urgentes, e-mails a responder, demandas por reuniões e prazos infernais. Alguns dos conceitos de Covey virão em nosso auxílio neste livro, então vale relembrá-los.

Covey nasceu em Utah, um estado mórmon, e a religião teve profunda influência em sua obra literária. Para o fundador da publicação britânica *Management Today*, Robert Heller, "é difícil não ver uma forte relação entre as '13 crenças fundamentais' da igreja mórmon e os '7 hábitos' de seu best-seller". Seu estilo de gerenciamento associa de maneira clara e firme o desenvolvimento das pessoas e o das organizações, e muitos dos exemplos de seu livro mais famoso vêm da convivência em família – com a mulher, Sandra, e com os nove filhos que tiveram. Se você nunca leu *Os 7 hábitos das pessoas altamente eficazes*, ou se tem apenas uma lembrança remota desse clássico, aqui vão eles:

1. Seja proativo, isto é, instigue "ativamente as mudanças, [...] em oposição a quem meramente reage aos acontecimentos".

2. Comece com o objetivo em mente. Para Covey, só alcança o sucesso quem reflete cuidadosamente sobre o produto ou o serviço que pretende oferecer, equacionando todas as variáveis, dos aspectos financeiros ao marketing, às instalações etc.
3. Primeiro o mais importante, talvez o mais autoexplicativo dos hábitos. Voltaremos a este, em especial, logo mais.
4. Pense em ganha-ganha. Todos os envolvidos se beneficiam de uma decisão e engajam-se em sua implementação. Opõem-se a abordagens autoritárias ou competitivas. Para Covey, era a essência da interação humana.
5. Procure primeiro compreender, depois ser compreendido. Covey prega a importância da comunicação empática e de nos tornarmos bons ouvintes, escutando para compreender, não para retrucar.
6. Crie sinergia. Para o nosso guru, o todo sempre será maior do que a soma das partes. Mais, até: constitui uma parte por si próprio, "a mais catalisadora, a mais poderosa, a mais unificadora e a mais excitante".
7. Afine o instrumento. É a metáfora para nos mantermos sempre tinindo, de modo a "preservar e melhorar seu maior patrimônio: você". Segundo Covey, este é o hábito que torna todos os demais possíveis, uma vez que busca instaurar o melhor estado possível em quatro dimensões-chave: física, espiritual, mental e socioemocional.

Os sete hábitos guardam entre eles uma profunda sinergia – para usar a expressão do próprio mestre. Retroalimentam-se e fortalecem-se. Covey define a palavra hábito com uma fórmula bem conhecida no mundo da administração: saber o que fazer, saber como fazer e – o mais difícil – fazer, de fato. Os sete que identificou e costurou são "uma central de mapas corretos" que lapidam o caráter e mostram como resolver problemas e reconhecer oportunidades.

O guru mórmon estava longe de ser um determinista, ou seja, de achar que tudo no universo está condicionado a leis imutáveis e que o destino dos homens estava traçado desde sempre. O que tiver que ser, será, "Whatever will be, will be", como na linda canção que a atriz e cantora norte-americana Doris Day eternizou no clássico de Alfred Hitchcock *O homem que sabia demais*. Os deterministas acreditam no que "está escrito", *maktub*. Diferentemente deles, Covey ouviria com profundo descrédito a deliciosa canção de Zeca Pagodinho, "Deixa a vida me levar", aquela do refrão "Vida leva eu!".

A música e a melodia são muito bacanas, mas... será que é assim mesmo? Pois recentemente o próprio Zeca declarou o seguinte, em entrevista ao jornal *O Globo*: "se deixasse a vida me levar, tava f*****".*

---

* ESSINGER, S. 'Se eu deixasse a vida me levar, tava f...', diz Zeca Pagodinho. *O Globo*, 27 jan. 2019. Disponível em: <https://oglobo.globo.com/cultura/musica/se-eu-deixasse-vida-me-levar-tava-diz-zeca-pagodinho-23405434>. Acesso em: 13 out. 2019.

Isso que eu chamo de filosofia Zeca Pagodinho não arrancaria nem um sorrisinho de Covey, e o determinismo de Doris Day tampouco. Ele acreditava que qualquer pessoa pode melhorar e, com pleno uso do livre-arbítrio, alcançar o que deseja – os tais objetivos do hábito número 2. Penso como ele: estou com as pessoas que acreditam que o resultado de suas vidas terá relação direta com as decisões que tomaram, certas ou erradas. "Quando vocês tiverem 80 anos e, em um momento de reflexão íntima, recontarem a si mesmos a versão mais pessoal da própria história, a narrativa mais densa e plena de significado será a das suas escolhas", disse o criador da Amazon, Jeff Bezos, em sua fala como paraninfo da Universidade Princeton, em 2010. "No fim das contas, somos as escolhas que fazemos."*

O que nos leva a uma pergunta crucial: como é que tomamos nossas decisões? Como fazemos nossas escolhas? Como teremos foco nas nossas agendas se não sabemos como funcionam nossos processos decisórios? Como podemos acreditar na força do foco e da prioridade se não sabemos fazer escolhas? Como potencializar *o que não podemos deixar de fazer hoje* (guarde bem essa frase, logo vou voltar a ela) se não sabemos efetivamente fazer essas escolhas?

Determinismo *versus* livre-arbítrio. De que lado você está?

---

* BEZOS, J. *We Are What We Choose*. Princeton University Press, 30 maio 2010. Disponível em: <https://www.princeton.edu/news-/2010/05/30/2010-baccalaureate-remarks>. Acesso em: 13 out. 2019.

Isso é relevante porque diz respeito à qualidade das nossas escolhas.

Um dos aprendizados mais importantes da minha vida, algo que despontou no cruzamento entre minhas experiências acadêmicas e profissionais, é este que detalhei no Capítulo 1: a principal competência do bom gestor e da boa gestora é a sua capacidade de tomar decisões. No entanto, quando se fala em decisões, é comum que surja uma certa confusão: afinal, falamos de pequenas ou de grandes decisões?

A verdade é que não há como saber. Em muitas situações, os resultados não são imediatos nem estão visíveis no momento em que decidimos; podem estar diluídos ao longo do tempo. Só compreendemos se uma decisão foi grande ou pequena, correta ou equivocada, quando vemos os resultados. Imaginemos, por exemplo, que você se casou com uma pessoa que, segundo sua crença, tem todos os predicados para fazê-lo/fazê-la feliz. Só nos anos vindouros é que será possível avaliar essa decisão – quando você contemplar a família bacana que construiu ou, diferentemente disso, descobrir que fez uma má escolha e vir-se em um relacionamento ruim, sem coragem para tomar a segunda decisão – de partir e começar de novo.

Tomamos decisões o tempo inteiro, e se você nunca pensou seriamente no assunto, é hora de refletir sobre como decide. Porque a sua maneira de decidir impacta direta e fortemente o seu uso do tempo. Portanto, impacta sua produtividade, seus resultados e seu sucesso. Impacta a sua carreira e a sua felicidade.

Há várias maneiras de decidir. No século XVII, o astrônomo alemão Johannes Kepler, célebre por ter provado que os planetas cumpriam órbitas elípticas ao redor do Sol, enviuvou após um casamento arranjado e infeliz. Em vez de "encomendar" outra esposa aos casamenteiros de plantão, Kepler decidiu escolher a nova mulher usando um método quase científico: fez uma lista com 11 candidatas e passou dois anos analisando detidamente cada uma delas. Sua eleita, porém, foi bombardeada pelos amigos, que o convenceram a pedir a mão da quarta colocada. Por sorte ela não o quis: tinha se irritado com a longa espera. Kepler então voltou à sua favorita, que aceitou o pedido. Viveram um casamento longo e feliz.

Outro grande homem das ciências, o biólogo evolucionista britânico Charles Darwin, viu-se diante do mesmo dilema mais de dois séculos depois, no entanto optou por uma maneira bastante diferente de solucioná-lo. Primeiro, perguntou-se: "Será que devo mesmo me casar?". Decidiu, então, preparar uma lista de prós e contras do casamento, e constatou que os prós venciam de goleada. O passo seguinte foi avaliar as mulheres que conhecia em busca da melhor candidata para o posto. Nessa análise, sobressaiu-se uma prima, Emma, com quem Darwin por fim se casou. Emma foi uma esposa maravilhosa, estimulando-o em suas pesquisas e cuidando dele quando adoeceu.

Kepler e Darwin usaram estratégias diferentes para decidir e, cada qual a seu modo (Kepler, avaliando as candidatas durante dois anos; Darwin, sopesando as próprias necessidades e escolhendo a pessoa que melhor se encaixava), tomaram aquela que, no longo prazo, revelou-se a melhor decisão. Já no século XXI, Suzy Welch, escritora e palestrante norte-americana, criou a regra que deu nome a seu livro mais conhecido, *10-10-10: hoje, amanhã e depois.*[*] Welch sugere que perguntemos a nós mesmos: "Como me sentirei sobre minha decisão daqui a 10 minutos, daqui a 10 meses e daqui a 10 anos?". Ela acredita que o aprofundamento das reflexões sobre as consequências de nossas escolhas tem papel decisivo para refiná-las e evitar erros e arrependimentos em todas as esferas da vida.

Muito utilizados nas verificações de segurança (na aviação, por exemplo, há uma lista de itens que devem ser averiguados antes de cada aterrissagem e decolagem), as *checklists* também podem ser boas conselheiras na hora da decisão. Considerando a escolha a ser feita, defina uma lista de atributos a que aquela decisão deveria, idealmente, atender e dê notas de 1 a 5 a cada um deles. Faça isso para todas as possibilidades e, ao final, avalie qual pontuou mais. Decidir com base em uma *checklist* parece algo tão simples que nossa tendência é pensar: *Não vai funcionar.*

---

[*] WELCH, Suzy. *10-10-10: Hoje, amanhã e depois.* São Paulo: Ediouro, 2009.

Pois funciona e muito bem. Posso assegurar que até mesmo conselhos de administração de grandes empresas escolhem CEOs conferindo a eles pontuações em alguma versão de *checklist*.

Decidir é um processo tão complexo porque, sempre que fazemos uma escolha, *rejeitamos alguma coisa*. Isso torna certas decisões tão impossíveis quanto a de Meryl Streep no filme *A escolha de Sofia*, no qual interpreta uma mãe de dois filhos que, prisioneira em um campo de concentração durante a Segunda Guerra Mundial, precisará escolher um deles para sobreviver – o outro morrerá nas mãos dos nazistas.

Naturalmente, há decisões que é possível tomar com a mesma facilidade com que um esquilo sobe em uma árvore. Li essa analogia há alguns anos, atribuída a Lyle Spencer, um craque na seleção e no desenvolvimento de talentos, e ela me vem à mente sempre que me vejo diante de alguma escolha que faço de maneira quase natural, porque seus desdobramentos positivos estão quase "desenhados" nas entrelinhas. No entanto, são as decisões árduas que esculpem os grandes líderes.

Stephen Covey tinha uma profunda consciência da importância de decidir bem, assim como tantos teóricos do gerenciamento do tempo que vieram depois dele (termo, aliás, que ele próprio refutava, argumentando que "gerenciamento de tempo não é realmente um nome apropriado, pois o desafio não está em gerenciar o tempo, e sim em nos gerenciarmos").* Convido você a refletir comigo sobre o terceiro hábito, "primeiro o mais importante", que trata da priorização de tarefas mais alinhadas aos valores que nos são mais caros. Ou seja: da decisão sobre o que fazer primeiro.

Aposto que você já ouviu falar da Matriz de Eisenhower. Trata-se de um quadro, construído a partir de dois eixos, que nos permite classificar nossas tarefas com base em dois critérios: urgência e importância. É uma ferramenta simples e eficiente para auxiliar na tomada de decisões. O nome refere-se a uma frase atribuída a Dwight Eisenhower, 34º presidente dos Estados Unidos, que governou de 1953 a 1961: "O que é importante é raramente urgente, e o que é urgente raramente é importante". O presidente cultivou a reputação de atender a todos que o procuravam, o que despertava profunda admiração entre seus assessores. Quando indagado sobre como conseguia esse feito, reza a lenda que costumava explicar sua disponibilidade recorrendo a uma maravilhosa inversão de lógica: "Só tem tempo quem trabalha. Quem não faz nada não tem tempo". Atribui-se a ele a concepção da matriz, cujo desenho é mais ou menos este. Hoje essa matriz virou até um aplicativo e, por que não dizer, também um verbo – eisenhower.me. A ideia é que você pode "eisenhower" a si mesmo, do mesmo modo que pode melhorar a si mesmo. (Soa melhor em inglês.)

---

* HELLER, Robert. *Entenda e ponha em prática as ideias de Stephen Covey*. São Paulo: Publifolha, 2001 (Série Sucesso Profissional: Negócios).

	URGENTE	NÃO URGENTE
IMPORTANTE	FAZER	DECIDIR
NÃO IMPORTANTE	DELEGAR	DELETAR

Fonte: Ignição Digital. Disponível em: https://www.ignicaodigital.com.br/o-que-e-matriz-de-eisenhower/. Acesso em 30 out. 2019.

No quadrante I, que conjuga as características "Urgente" e "Importante", estão as crises, assuntos que deveriam ter sido administrados de maneira criteriosa e com tempo hábil; porém, como não o foram, transformaram-se em incêndios e só nos resta apagá-los. Quando concentramos muitas de nossas tarefas nessa área, a tendência é que nos sintamos cada vez mais ansiosos e sufocados. Em vez de planejar nosso dia a dia, apenas navegamos de uma crise para outra. Não preciso dizer a você que esse é um péssimo lugar para se estar. **Essas são as tarefas que você precisa realizar já.**

Logo abaixo deste, o quadrante III também conjuga tarefas urgentes, porém não importantes. Aqui, é possível encontrar situações como: o colega que precisa da sua expertise para resolver um problema, a reunião que o chefe convocou e que não era tão relevante (mas, como ele chamou, não dá para se ausentar), o voo que você precisa marcar para o próximo feriado. Este também não é um quadrante confortável para concentrar nossas ações; é comum nos sentirmos improdutivos, pois fazemos, fazemos, e nada de grandioso desponta no horizonte. **Essas são tarefas que você talvez possa delegar.**

O quadrante IV reúne as atividades não urgentes e não importantes. A maioria delas, porém, é bastante prazerosa: assistir à segunda temporada daquela série ótima na Netflix; olhar pela enésima vez no dia o WhatsApp para ver quem "chamou" você (Mark Zuckerberg sabe que o barulhinho do celular avisando que chegou mensagem ativa os centros da novidade no nosso cérebro e cria uma tentação quase irresistível; sabe também que, quando você responde à mensagem, recebe uma dose generosa de dopamina, substância química associada ao sistema de recompensa, pelo seu "feito"). No entanto, há também as desagradáveis, como entregar-se longamente a pensamentos corrosivos sobre uma ação consumada ou sobre uma conduta discutível. Quando concentramos muitas tarefas aqui, atrasamos as outras com frequência e nos sentimos deprimidos e exaustos. **São tarefas que você deveria eliminar da sua rotina ou, no máximo, "executar" em um momento de folga.** Para Stephen Covey, admirador e adepto da matriz de Eisenhower, "quem passa quase todo o tempo nos quadrantes III e IV leva uma vida irresponsável",* dependendo de outros para a realização de tarefas essenciais.

O quadrante II é o que realmente importa. É nele que se concentram as ações muito importantes, mas não urgentes, ou seja, *estratégicas*. O nosso planejamento de vida e de carreira. O MBA na sua área de especialidade que poderá dar o tão desejado impulso na trajetória profissional. A avaliação dos riscos de um novo negócio. O pontapé inicial na atividade física que, você está cansado de saber, poderá ajudá-lo a ter uma rotina mais saudável. A viagem (tantas vezes adiada) com os filhos ou com os pais. Quem passa mais tempo nesse quadrante do que nos demais está fazendo a coisa certa. "Morar" aqui quase sempre é sinônimo de evitar os incêndios que tanta gente vive apagando no quadrante I. Resolvemos situações complexas antes que elas se transformem em crises. **Você precisa reservar um tempo para se dedicar a essas ações.**

Só seremos donos do nosso tempo quando soubermos priorizar o mais importante em vez de concentrar nossa atenção nas urgências.

---

* HELLER, Robert. *Entenda e ponha em prática as ideias de Stephen Covey*. São Paulo: Publifolha, 2001 (Série Sucesso Profissional: Negócios).

Você encontrará matrizes de Eisenhower em praticamente toda obra sobre o assunto, e esta não se pretende exceção. Pelo menos três gerações já se beneficiaram dela, mas este livro traz *uma proposta diferente*, como você verá mais adiante. Minha experiência me informou que a matriz, apesar de sua configuração simples e lógica, esconde algumas pegadinhas. Observe este esquema:

| Importante e urgente | = | faço agora |

Exemplo: buscar meu filho na escola.

| Não importante e não urgente | = | faço depois |

Exemplo: terminar de ver a série na Netflix.

| Não importante e urgente | = | delego |

Exemplo: peço à minha empregada que vá ao supermercado buscar o produto de limpeza que acabou.

| Importante e não urgente | = | estabeleço um prazo |

Exemplo: me matricular na academia e começar a treinar

Eis a pegadinha: não basta saber que o importante, mas não urgente, é estratégico; é preciso definir quando será executado, ou corremos o risco de que ele fique indefinidamente esperando sua vez. Pior: se você não decide *quando* fazer, sabe o que acontece? Chegará o momento em que essa tarefa migrará para o quadrante I, aquele perigoso – a morada das crises, dos incêndios que temos que apagar de imediato (e nem sempre fazemos isso do jeito mais razoável, econômico ou produtivo, porque incêndio é incêndio; não dedicamos tempo a pensar sobre ele, estudar o tema, trocar ideias com quem poderia nos ajudar da melhor maneira – simplesmente o apagamos). Em resumo, e me desculpe a sinceridade: ferrou.

O mundo ideal seria aquele em que jamais deixaríamos que uma tarefa importante, mas não urgente, se transformasse em importante e urgente, pois aí o problema estaria instalado. Por essa razão, é tão importante definir um prazo para colocá-la em prática. E, naturalmente, cumpri-lo (nem precisava ter escrito isso, mas decidi ser muito assertivo). Também vale lembrar que, quando operamos no quadrante importante/urgente, não temos margem para errar. O que é um perigo, pois errar é humano. Enquanto estamos na área importante/não urgente, caso erremos, ainda temos tempo para uma nova tentativa, o que faz toda a diferença. Como observei anteriormente, a Nova Economia não apenas acolhe o erro, como ainda o valoriza, considerando que não existe inovação sem erro. É famosa a frase de Albert Einstein sobre o poder de errar: "Eu tentei 99 vezes e falhei, mas na centésima tentativa consegui. Nunca desista de seus objetivos, mesmo que eles pareçam impossíveis. A próxima tentativa pode ser a vitoriosa".

Em que pese o fato de ter se tornado célebre, a Matriz de Eisenhower é apenas uma em uma cesta de ferramentas de gerenciamento de tempo que se ampliou com o desenvolvimento de novas tecnologias. A internet e as prateleiras das livrarias estão povoadas por metodologias, conceitos e ferramentas que nos ajudam nessa missão que nada tem de simples. Christian Barbosa, um dos grandes especialistas brasileiros em produtividade, criou um conceito bastante útil, a Tríade do Tempo*, que segmenta nossas atividades em três grandes esferas – urgente, importante e circunstancial; desse conceito deriva uma metodologia que certamente já tirou muitas pessoas do sufoco. No dia a dia das empresas, hoje é praticamente impossível monitorar a equação tempo *versus* produtividade sem uma ferramenta, e há muitas de excelente qualidade, desde o já bem conhecido Basecamp entre tantas outras, a maioria em inglês, algumas em português; umas gratuitas, outras pagas. É questão de escolher.

> Basecamp: (https://basecamp.com)
> Trello: (https://trello.com)
> Toggi:(https://toggl.com)
> StreamTime: (https://streamtime.net)
> Podio: (https://podio.com/)
> Honeycomb: (https://honeycomb.do/)

Apesar de todas essas ferramentas, será que conseguimos organizar nossa vida de maneira racional e eficaz no dia a dia? Ou será que apenas fazemos o que está mais fácil, à mão? Uma vez começada a tarefa à qual decidimos dedicar nosso tempo, conseguimos concluí-la sempre ou com

---

* BARBOSA, Christian. *A tríade do tempo*. São Paulo: Buzz Editora, 2018.

frequência? Conheço uma pesquisadora brasileira que foi fazer doutorado nos Estados Unidos. Ao chegar ao laboratório de uma conceituada universidade norte-americana para a primeira reunião com seu orientador, ouviu dele o conselho mais importante para os anos de trabalhos e experimentações que se seguiriam: "Começou alguma coisa? Não pare antes de terminar".

Esse é outro ponto vital, pois tarefas cumpridas pela metade são outro ralo pelo qual nosso tempo escoa, sem volta; ao retomá-las, teremos que nos inteirar novamente do que fizemos até aquele momento. Consumiremos minutos valiosos reaquecendo os motores. Conheço muita gente que começa vários cursos e não conclui nenhum; inicia a leitura de vários livros e não chega ao final de nenhum deles; assume um punhado de tarefas no trabalho, vangloria-se de estar sobrecarregado, mas não termina nada.

Eu tenho uma proposta e vou detalhá-la a seguir. Gostaria que ela se tornasse um divisor de águas na sua relação com Cronos e Kairós. Sei que parece pretensioso, porque é uma proposta simples, clara e factível. Continue comigo.

> **Os conceitos básicos deste capítulo:**
>
> ▶ *O time management* vem em nosso auxílio para lidar com Cronos. Poucos teóricos abordaram o tema com tanta clareza quanto Stephen Covey. Seu livro *Os 7 hábitos das pessoas altamente eficazes* segue útil e válido.
>
> ▶ O resultado de nossa vida guarda relação direta com a qualidade das decisões que tomamos.
>
> ▶ Decidir é tão difícil porque sempre implica abrir mão de alguma coisa.
>
> ▶ Seremos verdadeiramente donos de nosso tempo quando soubermos priorizar o mais importante. Você já se "eisenhoweriou" hoje?
>
> ▶ Não basta saber que o importante, mas não urgente, é estratégico: é preciso definir quando será executado.
>
> ▶ Mesmo com tantas ferramentas para domar Cronos, será que estamos organizando nosso dia a dia de maneira eficaz?

CAPÍTULO 6
....

O canvas do tempo: agenda + caderno

Por mais avançadas e poderosas que sejam as ferramentas de gestão de tempo, elas sozinhas não vão operar milagres: precisaremos cultivar a nova relação com o tempo que é a tônica do nosso Capítulo 4, inaugurando um novo calendário interno, individual, e tomando posse do nosso tempo, em vez de deixar que ele nos devore. A verdade é que podemos ter todas as ferramentas do mundo ao nosso dispor, mas elas serão inúteis se não mantivermos algo que o mestre espadachim japonês Yagyū Munenori chamou de "primeiro princípio": ser independente de todas as maneiras possíveis e manter a presença de espírito em todas as circunstâncias. Séculos antes das tecnologias que hoje podem nos libertar ou nos escravizar, a depender da relação que cultivemos com elas, Munenori defendia uma ideia sábia, assim definida pelos consultores Paulo Kretly, Kory Kogon e Adam Merrill, da Franklin Covey no Brasil, em artigo para a revista *HSM Management*:[*]

---
[*] KRETLY, P.; KOGON, K.; MERRILL, A. Para ser mais produtivo, liberte-se da tecnologia. *HSM Management*, ed. 120 extra.

Quando nos prendemos a alguma ferramenta específica, criamos em nossa mente um apego que nos impede de agir com naturalidade e reagir adequadamente às circunstâncias. É importante entender isso hoje, porque as ferramentas e a tecnologia estão sempre mudando; o primeiro princípio da escola consciente é o que se mantém inalterado.

Eu utilizo uma ferramenta que me ajuda imensamente, mas tenho também uma consciência clara sobre o que desejo para a minha vida, e isso, como você verá ao longo desta obra, é norteador da minha relação com o tempo.

A ferramenta em questão é uma agenda. Ela pode ser eletrônica ou de papel, à escolha do freguês. Sei que sempre preciso ter a minha e recomendo que você tenha a sua. O que vai mudar a partir destas páginas é a sua maneira de lidar com a agenda.

Comigo, funciona assim:

Minha agenda tem "ciclos de vida" semanais; ela começa a ser acionada no domingo. (Eu sei, eu sei: é o dia em que, para maioria, é proibido pensar em trabalho – mas, para mim, é o momento ideal para fazê-lo, e vou explicar por quê.) Todo domingo reservo meia hora, às vezes um pouco mais, para preparar a agenda da semana. Em geral faço isso à noite, e me toma tempos variados, de dez minutos a uma hora, a depender do que tenho à frente. Graças a isso, consigo visualizar com clareza o que acontecerá na segunda, terça, quarta, quinta e sexta, e essa antevisão elimina metade do meu estresse.

Diante desse cenário, não é incomum que, no próprio domingo, eu dispare e-mails e mensagens por aplicativos relacionados a tarefas que exijam envolvimento de outros. Aqui só há um problema: a maior parte das pessoas responde e, se eu não for disciplinado, corro o sério risco de encerrar o meu domingo trabalhando pesado. Caso aconteça com você, lembre-se de exercitar a disciplina. Se trabalhar não é o que você programou para o seu domingo, atenha-se ao seu combinado interno. Afinal, eu mandei e-mails para organizar a *minha* semana, mas não exigi que nenhum dos meus interlocutores respondesse...

A agenda da semana também me permite programar tarefas de modo a não deixar nada para a última hora ou, pior ainda, deixar de cumprir algo importante ou com que me comprometi. Assim, se farei uma palestra na quinta-feira, não vou prepará-la na véspera, dando chance para o azar (e se justo na quarta eu tiver uma indisposição? E se houver uma visita inesperada e importante na empresa?). Se agendei um treinamento transformacional com um grupo de presidentes de empresa no fim de semana, começo a segunda-feira reunindo os e-mails de todos os participantes para enviar a eles a "lição de casa" – o preparo que terão que fazer para garantir o sucesso de nosso encontro. Essa meia horinha do meu domingo tem um valor inestimável para o meu bem-estar e me lembra que *eu sou o gestor do meu tempo*. Conheço gente que faz gestão de pessoas, mas não consegue fazer a própria gestão, cobrando dos outros uma eficiência que elas mesmas não conseguem agregar à própria rotina. Antes de liderar, é preciso que sejamos líderes de nós mesmos.

O passo seguinte é comparar a minha agenda com a da minha secretária. Temos um combinado de fazer isso aos domingos, sincronizando compromissos e fazendo os ajustes necessários. *Ah, mas ele tem secretária. Assim até eu consigo*, você pensou. Sim, eu tenho uma secretária, porém essa é apenas uma checagem; lembre-se de que *eu é que fiz a agenda*. As táticas que compartilho neste livro são válidas para CEOs, mas também podem ser utilizadas com sucesso por pessoas nas faixas intermediárias da carreira corporativa e até mesmo por um jovem em seu primeiro emprego. Nunca é cedo demais para aprender a organizar o seu tempo.

Sei que parece paradoxal, no entanto desconheço categoria que trabalhe mais espremida pelo tempo do que a dos CEOs. Em teoria, eles deveriam ser donos do seu tempo. Na prática, o time demanda e esses executivos sabem que, se fecharem a porta, serão assunto no café: "Esse cara é distante", "Não sabe o que está acontecendo", dirão os colaboradores. O tempo inteiro encontro profissionais de C-level que não fazem as próprias agendas: em vez disso, deixam que outros as façam. Você também conhece gente assim; talvez *seja* assim. Outro dia, um amigo que ocupa um cargo de liderança na área financeira me disse, estufado de orgulho:

"Cara, eu trabalho catorze horas por dia. Se você passar na frente do meu prédio e vir uma luzinha acesa, pode acreditar: é a minha."

Sabe o que eu respondi a ele? Não foi uma resposta elegante e ele não gostou de ouvir. Melhor não repetir. Depois dos palavrões, porém, raciocinei com ele:

"Quando é que você toma conta de você? Quando é que você cuida dos seus filhos? Quando foi a última vez que saiu para jantar fora com a sua mulher?"

Ele me ouviu, embasbacado, mas acho que a ficha caiu.

Consigo pensar em quatro razões para explicar por que uma pessoa trabalharia catorze horas diárias em um escritório, e acredito que elas cobrem 90% das situações. Nenhuma das quatro é exatamente lisonjeira:

1. É um péssimo líder, do tipo que centraliza todas as decisões. Aquele sujeito que precisa autorizar o uso do extintor mesmo que o andar esteja em chamas. Conheço presidente de empresa que até hoje assina autorização de férias de funcionários. Sim, existe.
2. É um líder que está com a equipe errada. Tem um time que não alivia sua carga de trabalho, deixando-lhe pouco tempo livre para se concentrar no macro, no estratégico. Lembrando que a escolha da equipe é prerrogativa do líder, portanto a culpa é dele próprio.

3. É um líder desorganizado: não planeja o dia, não planeja a semana, não tem foco e, nesse caso, de nada adianta ter disciplina; ou tem foco, mas é indisciplinado. Lembrando que ter foco é saber dizer não. A pessoa que se disponibiliza em excesso *delega aos outros o poder de organizar sua agenda*.
4. É um líder "bom moço" ou "boa moça", do tipo que todos os dias entrega sua agenda a ladrões diversos de tempo: atende todo mundo a qualquer horário, passa por uma reunião que está rolando, é chamado e entra etc. Parece muito gente boa, mas adivinhe? Às 6 horas da tarde, quando todos vão para casa, ele vai cuidar das próprias tarefas, aquelas indelegáveis da liderança.

Faço aqui uma reflexão rápida, mas muito relevante, sobre liderar. Cabe a todo líder se perguntar sobre como usa sua agenda e gerencia seu tempo em relação à equipe. Conheço muitos que vão lá e fazem pelo time, esquecendo-se de que liderar é outra coisa: é fazer o time jogar. Isso significa transmitir a cada colaborador uma noção de foco, disciplina e organização, entender de complementariedade e identificar como os talentos se somam para criar sinergia.

Agora que já falamos tão abertamente sobre agenda, me responda: quem faz a sua?

Não precisa responder ainda. Vamos em frente.

Há alguns anos, em um evento HSM Expo, assisti a uma palestra do especialista em estratégia ambiental da Universidade Yale Daniel Esty, autor de um livro que virou best-seller, *O verde que vale ouro*, e pesquisador da interessantíssima área de estratégias de ecovantagem para empresas. Lembro-me de ele ter proposto o que chamou de análise AUDIO do meio ambiente, sendo essa palavra um acrônimo para *aspects* (aspectos, um resumo da situação atual), *upstream* (como a cadeia de fornecimento se posiciona nesse contexto), *downstream* (posicionamento da rede de distribuição até o consumidor), *issues* (os grandes desafios a ser superados) e *opportunities* (as oportunidades). Cada um desses pontos, então, deveria ser avaliado à luz das questões que precisamos equacionar melhor. No caso da ecovantagem, tratava-se de analisá-los em relação aos grandes temas ambientais – mudança climática, energia, água, biodiversidade etc.

Naquela época, já às voltas com mil questões, para usar a expressão de Esty, envolvendo a gestão do meu tempo, me ocorreu que essa análise pode ser aplicada com benefícios ao *time management* e a uma ordenação melhor da minha agenda.

Aspects: qual é a minha situação atual? (Resposta possível: "Tenho tantas tarefas que não consigo dar conta nem da metade delas".)

Upstream: em que pé está minha "cadeia de fornecimento", isto é, as pessoas que determinam o uso do meu tempo? Que ascendência elas têm sobre minha agenda?

Será que isso pode ser equacionado de maneira mais eficiente? (Resposta possível: "Minha chefia me requisita para infindáveis reuniões improdutivas".)

_D_ownstream: como isso se reflete na minha rede de contatos/na realização das minhas tarefas? (Resposta possível: "Não consigo cumprir os cronogramas de entregas e meus parceiros nos projetos multiáreas criticam minha falta de organização e comprometimento".)

_I_ssues: que barreiras preciso vencer? (Resposta possível: "Gerenciar melhor o tempo no ambiente de trabalho. Não levar trabalho para casa diariamente".)

_O_pportunities: o que de bom pode acontecer quando o cenário desfavorável for corrigido? (Resposta possível: "Poderei pôr em prática todas as minhas competências e evidenciar o fato de que estou apto para uma promoção".)

Você pode aplicar a análise AUDIO à sua rotina profissional e pessoal e contar com este livro para abordar as "questões" que estão travando seu avanço rumo a uma utilização mais produtiva do seu tempo.

Esty propôs também uma matriz para mapear stakeholders cruzando dois aspectos: seu poder e influência, no eixo vertical, e o quanto a empresa está endereçando-os a cada momento. Da mesma forma que a AUDIO, acredito que essa matriz pode perfeitamente ser extrapolada para a gestão do tempo. Pense nos stakeholders como as partes interessadas no nosso tempo, e não poupe ninguém, do seu gestor aos seus filhos ou sua namorada. Então, posicione-os em quadrantes de acordo com a importância que têm para você e o quanto tem se dedicado a eles.

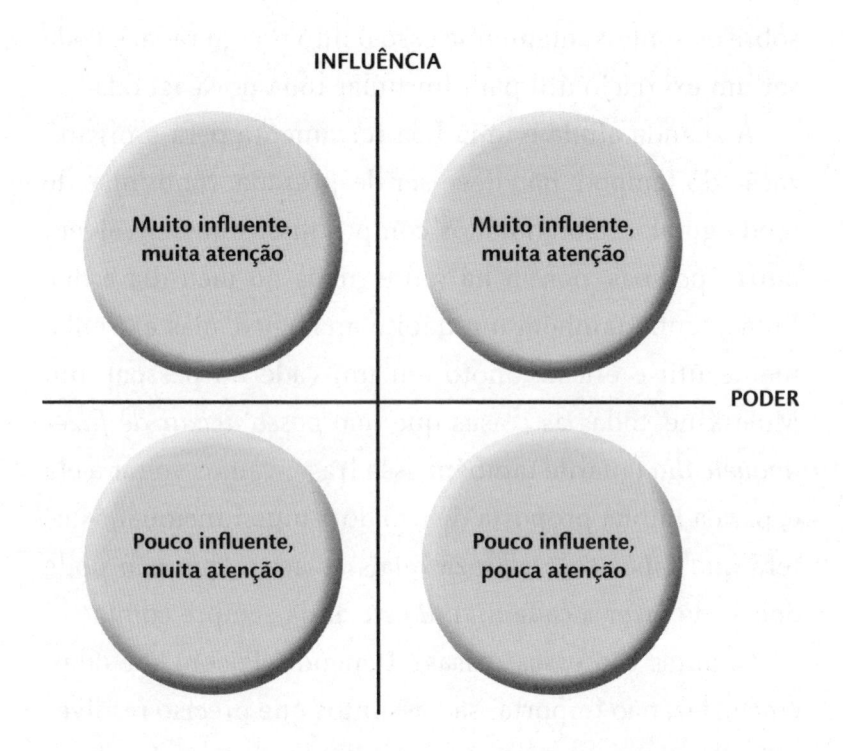

```
                    INFLUÊNCIA
                        |
    Muito influente,    |    Muito influente,
    muita atenção       |    muita atenção
                        |
   ─────────────────────┼───────────────────── PODER
                        |
    Pouco influente,    |    Pouco influente,
    muita atenção       |    pouca atenção
                        |
```

No quadrante superior esquerdo estão as pessoas fortes em influência, mas às quais você tem dado pouca atenção. No alto à direita, situe os stakeholders muito importantes que já recebem uma fatia do seu tempo. Embaixo, à esquerda, liste as pessoas menos importantes às quais, apesar disso, você tem dado atenção e, no último, coloque os pouco influentes e pouco atendidos. O passo seguinte é observar atentamente a configuração que surgiu e perguntar-se se todos estão nos lugares que deveriam ocupar para que você ascenda profissionalmente sem abrir mão da vida pessoal e da realização dos seus sonhos (falaremos mais sobre os sonhos; mantenha esse ponto no seu radar). Pode ser um exercício útil para formular uma nova agenda.

A agenda ainda é uma boa ferramenta para a organização do tempo e não deve ser desprezada. Na minha, de modo geral, estão anotados compromissos que envolvem outras pessoas, porém há muito mais no meu dia a dia. Então, tenho também um hábito analógico, mas extremamente útil e eficaz: anoto em um caderno pessoal, um Moleskine, todas as coisas que *não posso deixar de fazer naquele dia* (guarde também essa frase; vamos voltar a ela e, para a minha proposta de uso do tempo funcionar, você terá que saber com clareza quais as ações que não pode deixar de fazer a cada dia). E este anda sempre comigo.

Quantas são essas coisas? Depende. Podem ser duas, cinco, dez, não importa: são assuntos que preciso resolver hoje. Assinar um contrato importante, dar um feedback para um gerente que precisa de direcionamento, buscar meu neto na escola em um dia no qual meu filho e minha nora estarão ausentes, comprar adoçante porque o de casa acabou. São tarefas com pesos diferentes, mas sempre relevantes para aquele dia, cada qual à sua maneira. Às vezes, antes do meio-dia já consegui realizar todas as tarefas inadiáveis. O que faço, então? Bem, posso antecipar o roteiro da palestra da próxima semana ou refletir e planejar uma sessão que terei com um coachee daí a alguns dias – e remover do meu cotidiano esse foco de estresse. Ou... posso ir ao cinema em uma tarde de terça-feira, acolhendo os desejos de Kairós, uma vez que Cronos está neutralizado.

> **Os conceitos básicos deste capítulo:**
>
> ▶ É chegado o tempo de inaugurar um novo calendário interno.
>
> ▶ Todos precisamos de duas ferramentas de gestão do tempo: uma agenda com os compromissos "oficiais" da semana, sobretudo os que envolvem outras pessoas, e um caderno para anotar as coisas que você não pode deixar de fazer naquele dia.
>
> ▶ Comece a organizar sua agenda no domingo para visualizar com clareza como será a semana e afastar o estresse.
>
> ▶ Liderar é transmitir a noção de foco, disciplina e organização. É fazer o time jogar, e não jogar pelo time.
>
> ▶ Dica: faça uma análise AUDIO da sua agenda.

CAPÍTULO 7

O nevoeiro das múltiplas demandas

Está claro que executar é importante, mas é preciso tomar cuidado com as armadilhas de fazer, fazer, fazer. "Ora, por quê?", você me perguntará. Porque o fazer pode nos oferecer uma ilusória, mas reconfortante, ilusão de poder. À medida que vamos "ticando" tarefas realizadas da lista de *todos* do dia, somos preenchidos por uma perigosa sensação de poder. Nosso dia está rendendo!

Será?

Tenho um conhecido que, havia muitos anos, antes que a informatização de processos se tornasse realidade em boa parte das organizações, trabalhava no departamento de contas a pagar de uma grande empresa. Se você é um leitor jovem, na casa dos 20 anos, dificilmente conseguirá imaginar como se fazia naquela época – e nem é tão remota assim! Toda manhã, esse cidadão entrava no centro de processamento de dados da empresa, uma grande sala refrigerada onde ficavam os terminais (não, não existia um PC em cada mesa), e pegava uma pilha de formulários contínuos (um amontoado de papel impresso) com os pagamentos que deveriam ser realizados naquele dia. Ele via o número final impresso no topo e constatava que naquele dia deveria fazer 1.147 pagamentos. Em seguida, entrava na sala do diretor financeiro e lá, juntos, decidiam quais dos 1.147 receberiam; digamos que saísse dessa reunião com 985 pagamentos a quitar. De volta ao seu departamento, esse meu conhecido distribuía as ordens para sua equipe de uma dúzia de datilógrafos que trabalhavam em máquinas de escrever Olivetti Lexicon 80, parrudas e resistentes. Essas moças e rapazes passavam a manhã datilografando cheques com papel-carbono (a empresa arquivaria uma cópia), que eram anexados a notas fiscais. O personagem da nossa história também tinha sua máquina de escrever e sua cota de cheques a datilografar, embora fosse o chefe – havia muito trabalho a fazer, de fato. Às onze e meia da manhã, com todos os cheques preenchidos, ele voltava à sala do diretor financeiro, que assinava as 985 ordens de pagamento. Então, a pasta grossa contendo o material era entregue a office-boys, que iam aos bancos efetuá-las.

Parece inacreditável, mas era assim que se fazia nos anos 1980 e início da década de 1990.

Como nossas famílias conviviam, era comum que eu encontrasse esse conhecido em churrascos de fim de semana. Nesses eventos informais, ele adorava se vangloriar: "No dia em que eu não for trabalhar, ninguém recebe naquela empresa".

Para ele, o poder estava em preparar e assinar os cheques, não em ter dinheiro na conta. Esquecia-se de que o cheque só seria pago se houvesse fundos – o resto é processo. No entanto, meu conhecido se sentia empoderado por seu trabalho. Pura ilusão.

O fato de estar fazendo muito não significa que você está fazendo o certo. Isso é um dos grandes traidores da nossa eficiência.

Ainda hoje, as empresas estão lotadas de incompetentes motivados. Esse é um tipo perigoso de pessoa errada no lugar certo: está o tempo inteiro fazendo coisas, porém as tarefas que cumpre não terão nenhum impacto no dia, na semana nem no mês dela ou da empresa. Em seu livro *Não é como nem o que, mas quem*, o consultor argentino Claudio Fernández-Aráoz conta que costuma fazer a seguinte pergunta a líderes em seus workshops: "Se vocês estivessem construindo sua organização do zero, qual porcentagem do seu pessoal recontratariam?". A resposta média é 60%, ou seja, esses líderes – do mundo todo – acreditam que, de cada dez pessoas ao seu redor, quatro estão no lugar errado. Nossa tendência a evitar decisões desagradáveis nos leva a procrastinar atitudes que poderiam turbinar o desempenho da empresa, como a demissão de pessoas inadequadas para determinadas funções; a isso somam-se nossa tendência à inércia e até mesmo a compaixão, que torna difícil a ideia de causar sofrimento ao outro. Aráoz defende que criemos mecanismos para obrigar a nós mesmos a tomar decisões duras. Atrelar a remuneração variável de um executivo a feedbacks constantes, que explicitem a inadequação de alguns funcionários e assegurem a outros que estão no bom caminho, por exemplo.

E eis que estamos de volta ao ponto fundamental: a importância de decidir o que fazer. Nas organizações, isso se chama planejamento; *disciplinar a execução*. No plano individual – na minha vida e na sua –, podemos enunciar esse conceito de uma forma bem mais simples: decido, logo faço.

O seu dia a dia é assim? Aposto que não. O meu também não era, até que concebi e coloquei em prática o meu triângulo foco-disciplina-organização. E por que não é/não era? Porque entramos no automático, tomando decisões à medida que somos coagidos pelas circunstâncias a fazê-lo.

Não agimos assim porque somos displicentes ou insensatos; agimos assim porque estamos sobrecarregados como nunca. Nunca tivemos que tomar tantas decisões em períodos tão curtos. Na era digital, o trabalho que realizamos é quase sempre cerebral, em oposição à manufatura, que foi a grande marca da Revolução Industrial, no século XIX. Um estudo recente da revista *Harvard Business Review* citado no livro *5 escolhas: o caminho para uma produtividade extraordinária*, de Kory Kogon, Adam Merrill e Leena Rinne (todos executivos da consultoria FranklinCovey),[*] revelou

---

[*] KOGON, K.; MERRILL, A. e RINNE, L. *5 escolhas: o caminho para uma produtividade extraordinária*. 1. ed. Rio de Janeiro: Alta Books, 2018.

o abismo a nossos pés ao comparar o desempenho de funcionários em cargos de baixa, média e alta complexidade. Nas funções mais simples (um chapeiro de padaria, por exemplo), em que pouco se requer a tomada de decisões, os funcionários de melhor desempenho eram três vezes mais produtivos do que aqueles de pior desempenho. Nos cargos de média complexidade (o programador de um banco digital, digamos), os de melhor desempenho mostraram-se 12 vezes mais produtivos do que os de pior performance. Nos cargos altamente complexos, em que as decisões acertadas fazem a diferença entre sucesso e fracasso, a distância entre o melhor e o pior desempenho é tão grande que os pesquisadores não conseguiram sequer mensurá-la. Nesse cenário, onde você se posiciona? Está conseguindo tomar as melhores decisões?

Provavelmente não, porque há outro vilão nessa história: a sua atenção, disputada por incontáveis estímulos externos e internos. Se fico duas horas longe do meu WhatsApp, por exemplo, quando retorno há dezenas de conversas pendentes – pessoas que me procuraram e estão à espera de um retorno, uma vez que a tecnologia nos aproximou, para o bem e para o mal, de maneira irrevogável. Se começo uma pesquisa no Google, sou capturado por um vídeo no YouTube e daí a pouco me surpreendo assistindo a um show que nada tinha a ver com a procura inicial. No ambiente de trabalho, há pesquisas indicando que os funcionários são interrompidos em média a cada onze minutos e desperdiçam cerca de 30% do dia buscando reconectar-se com cada tarefa abandonada graças às distrações. Os estímulos internos podem ser ainda mais difíceis de ignorar; nosso pensamento se desprende fácil, fácil da tarefa em execução e voa para a viagem de férias que estamos planejando, para o filho que deixamos em casa, febril, para a conta que esquecemos de pagar. Além disso, ainda temos que lidar com a pressão das nossas emoções e do nosso cansaço. De tão atoladas em trabalho, as pessoas se sentem "agitadas, estressadas e ansiosas quando estão trabalhando e estressadas quando não estão, [...] um estado semipermanente de inquietação preocupada que permeia a nossa cultura e exaure a nossa confiança e o prazer na vida", escrevem Kogon, Merrill e Rinne.[*]

Como podemos nos orientar em meio a esse nevoeiro que mistura tecnologia, demandas múltiplas e exaustão pessoal?

A recomendação deste livro é: faça uma lista. Mais especificamente, faça uma lista por escrito – você talvez prefira um aplicativo, e há muitos eficientes, mas eu gosto mesmo é de usar um Moleskine (utilizo vários ao longo do ano) e caneta. Muitos estudos já comprovaram o que eu mesmo percebo na prática cotidiana: que esses objetos, quase *vintage* nos dias de hoje, têm fortes vantagens sobre suas contrapartes digitais em muitos aspectos. Escrever em papel ativa

---

[*] Ibidem.

o sistema reticular do cérebro, melhorando a aprendizagem e o alcance de objetivos porque filtra o conteúdo de um jeito mais eficiente. Há outras vantagens. Já que estamos falando de tempo, quando temos listas menores ou pouco a anotar, é muito mais rápido utilizar uma folha de papel do que localizar um aplicativo na tela do celular, tablet ou computador – sem falar que o papel não entra em modo "descanso" nem fica sem bateria. Precisa de mais argumentos para usar papel? Pois eu tenho. Como o papel não "avisa" que chegou mensagem nova, é mais fácil concentrar-se (e manter o foco) escrevendo à mão. Em reuniões, tomar notas em um caderno evita a tentação de checar e-mails a toda hora – conheço empresas que convocam reuniões *technology-free* para melhorar o engajamento e os resultados.

> ### Os conceitos básicos deste capítulo:
>
> ▶ Fazer coisas demais pode nos dar a ilusão de que somos senhores do nosso tempo. Na verdade, é bem possível que estejamos trabalhando de maneira profundamente ineficaz.
>
> ▶ Sobrecarregados como nunca, entramos em um perigoso modo automático, com estímulos por todos os lados querendo "roubar" nossa atenção.
>
> ▶ Como se movimentar em meio a essa névoa de demandas? Comece por fazer uma lista – de preferência, em um caderno de capa dura e escrita à mão.

CAPÍTULO 8

A pergunta errada e a pergunta certa

Conheço muita gente que se recusa a fazer listas. Honestamente, não sei como essas pessoas conseguem trabalhar, a não ser que sejam unifunção: que acordem todos os dias e tenham apenas uma tarefa. No entanto, não somos assim, então precisamos de ajuda.

Imaginemos que sua lista tenha ficado da seguinte maneira:

Ajustar pendências com novo fornecedor
Cobrar contrato para abertura da filial Ponta Grossa
Concluir processo de rematrícula do filho no colégio
Conferir o resultado da Mega-Sena
Orientar o setor de compras sobre a nova regulamentação
Ligar para o veterinário – vacinas do Rex
Aniversário de casamento – reservar restaurante!
Comprar terno para o casamento do irmão

Parece ótima. Primeira parte da missão concluída com sucesso.

A próxima pergunta é: o que você faz primeiro?

Há uma resposta inteligente e uma resposta certa para essa questão. Vamos às respostas inteligentes, aquelas que se apoiam sobre um racional válido. Você talvez me diga que realiza primeiro as tarefas mais difíceis porque sua mente está mais oxigenada e descansada pela manhã. Aceito esse argumento. Existe um estudo famoso realizado em 2011 pela equipe do professor Jonathan Levav, da Universidade Stanford, com juízes israelenses. Os pesquisadores descobriram que, à medida que o dia avançava, os juízes tendiam a tomar decisões mais simples e rápidas – como, por exemplo, negar a liberdade condicional à maioria dos prisioneiros sem avaliar a complexidade de suas demandas – porque estavam cansados demais para isso e acabavam caindo na "escolha padrão". Pela manhã, a chance de a condicional ser aprovada chegava a 65%, despencando até chegar a quase zero no final do dia. Má notícia para os prisioneiros cujas defesas eram programadas para o fim do expediente.

Outras pessoas diriam: "Faço primeiro as coisas mais importantes". Também aceito essa resposta (se eram mesmo as mais importantes, é outra conversa).

No entanto, grande parte das pessoas prioriza as tarefas mais fáceis. É da natureza humana. Quanto mais itens eliminarem de sua lista de afazeres, mais empoderadas se sentirão. "Sou f***! Meu dia está rendendo! Nem vou almoçar para não perder o pique! Fulano, traz um lanche pra mim, por favor", pedem ao colega que dá uma paradinha ao meio-dia. Das oito tarefas da lista, essa pessoa cumpriu três (o resultado da loteria, o telefonema ao veterinário, a reserva no restaurante, digamos) e está crente de que já ganhou o dia. No entanto, ela não produziu nada de real impacto para o seu dia.

Eu já fui assim, ou estive bem perto disso. Começava a maratona diária cheio de metas e terminava com algumas cumpridas, nem sempre as mais importantes. E vinha refletindo, de maneira séria e introspectiva, ainda, sobre como organizar minhas prioridades de maneira a me tornar mais produtivo. Mas não só isso: mais produtivo *e mais feliz.*

Um dia, estava no aeroporto de Denver, nos Estados Unidos, esperando um voo de volta para o Brasil. Sentia-me exausto e soterrado pelo mar de tarefas à minha espera quando desembarcasse em São Paulo, meu destino. Caminhando para o meu portão de embarque, me vi diante de uma dessas lojas que vendem de chicletes a absorventes femininos e, é claro, livros. Bem diante dos meus olhos estava um cujo título, em letras pretas grossas sobre fundo branco, capturou de imediato a minha atenção. Chamava-se *The One Thing* e tinha sido escrito por Gary Keller, fundador de uma empresa norte-americana gigante de gestão de ativos que leva seu sobrenome. Traduzido para o português anos depois como *A única coisa*, esse livro me trouxe uma clareza inédita. Devorei-o durante o longo voo, sem pregar os olhos. Era o que eu estava buscando!

Fui tão impactado por aquela obra porque ela escancarava *o óbvio*: **prioridade não tem plural**. Ou, ao menos, não deveria ter em uma vida rica, produtiva e feliz. Afinal, quando se tem prioridades, no plural, qual é a prioridade, no singular?

Um exemplo: ao longo de 2018, quando ainda estávamos naquela etapa quase heroica de fortalecer a marca da Digital House, houve uma semana em que estabeleci uma prioridade indiscutível: firmar uma parceria de mídia. Se eu conseguisse resolver esse ponto, andaria muitas casas; como a marca ainda era desconhecida, o custo de aquisição de alunos era muito alto, instalando-nos, temporariamente, em um indesejável vermelho. Ora, se eu celebrasse um acordo, aceleraria minha caminhada até o azul. Naquela semana, com toda a minha energia voltada para aquela "única coisa", não marquei uma reunião sequer que não fosse para tratar de parceria. Dormia e acordava pensando no assunto, em uma experiência intensa, produtiva – e bem-sucedida, pois atingimos essa meta.

Meu encontro com aquele livro foi um maravilhoso exemplo de sincronicidade – o conceito cunhado pelo psicólogo suíço Carl Jung, em parceria com um físico austríaco, Wolfgang Pauli, para explicar a ocorrência de eventos sem relação de causa e efeito e, ainda assim, profundamente conectados. Aquela ideia estava germinando em algum lugar na minha mente e brotou com força plena quando deparei com o preceito "a única coisa". Em uma reunião com meu grupo de Fórum Nacional do YPO, que reúne grandes lideranças, um de meus colegas, Ariel Pfeffer, me contou uma história sobre um livro que havia mudado sua forma de trabalhar. Adivinhe? Era o mesmo *The One Thing* que acabou por revelar a mim o poder da minha pergunta diária: *O que não posso deixar de fazer hoje?*

O autor de *A única coisa* também teve sua revelação um dia. Keller conta que fora ao cinema assistir à comédia do momento, *Amigos, sempre amigos* (1991), história de três camaradas em plena crise da meia-idade, gente da cidade, que viajam para o oeste norte-americano em busca de experiências. Lá, conhecem o caubói Curly, interpretado pelo maravilhoso Jack Palance, e ele lhes oferece alguns ensinamentos sobre a vida. O tom leve e muito divertido do filme escondia uma delicada pérola de sabedoria. Em seu livro, Gary Keller reproduz o seguinte diálogo entre Mitch, um homem urbano, vivido por Billy Crystal, e o caubói Curly.

Curly: Sabe qual é o segredo da vida?
Mitch: Não. Qual é?
Curly: Isto. [Ele mostra um dedo.]
Mitch: Seu dedo?
Curly: Uma coisa. Uma única coisa. Concentre-se nisso, e o resto não vale mais nada.

> *Mitch: Que ótimo, mas que "única coisa" é essa?*
> *Curly: Isso é o que você precisa descobrir.*

"Da boca de um personagem fictício chega a nossos ouvidos o segredo do sucesso", surpreendeu-se Keller.* **Essa única coisa é o foco.**

Se olharmos ao redor, veremos incontáveis exemplos de empresas e pessoas bem-sucedidas graças ao poder da única coisa. Red Bull, a marca do touro vermelho, famosa pelo slogan "Red Bull te dá asas", comercializa um único produto – e em 2018 vendeu 6 bilhões de unidades; é como se seis em cada sete habitantes deste planeta tivessem tomado um energético da marca. A única coisa à qual Michael Phelps, o maior medalhista olímpico de todos os tempos, se dedica é a natação. A única coisa da Google é pesquisa. A Apple – veja que curioso este modo de observar o cenário, que tomo emprestado do livro de Gary Keller – criou "um ambiente no qual uma ÚNICA coisa extraordinária pode existir enquanto transita para outra ÚNICA coisa extraordinária", isto é, migrou dos Macs para os iMacs, dos iPods para os iPhones. A única paixão de Bill Gates era a computação, que acabou por levá-lo ao pódio dos homens mais ricos do mundo.

O que todas essas empresas e pessoas têm em comum é um foco simples (o que não quer dizer que seja fácil de

---

* KELLER, G. e PAPASAN, J. *A única coisa: o foco pode trazer resultados extraordinários para sua vida*. 1. ed. Barueri: Novo Século, 2012, p. 11.

alcançar) e, claro, ao qual se mantiveram fiéis, sem se deixar levar por distrações.

Lá atrás, defini foco como "a capacidade de dizer não". Vamos abrir a lente e olhar com amplitude para esse conceito.

Foco é simplicidade. No mundo da gestão descomplicada e na busca por uma vida mais feliz, muitas vezes nos esquecemos de que o simples pode ser eficaz e produtivo. Nos anos 1990, a rede Starbucks viveu um momento de grande efervescência nos Estados Unidos, com ampliação do número de lojas, executivos esforçando-se por edificar uma cultura e funcionários trabalhando com empenho, mas ainda sem um denominador comum. Foi quando a liderança saiu se com um acrônimo genialmente simples, daqueles com potencial para "pôr a casa em ordem", que ficou conhecido como o método LATTE (palavra italiana para "leite", e um dos ingredientes mais adicionados aos cafés da rede): *Listen* (ouça), *Acknowledge* (identifique – no caso, qual havia sido a necessidade ou o problema do cliente), *Take action* (aja), *Thank the customer* (agradeça ao cliente) e *Explain* (explique – a situação ou por que o problema ocorreu). Essa fórmula *simples e focada* instruiu os funcionários sobre sua conduta e permitiu que a rede surfasse com tranquilidade no *boom* de crescimento.

Chegar a um foco simples não é tarefa fácil, diferentemente do que possa parecer; exige profundo conhecimento do negócio e capacidade de síntese. No entanto, quando ocorre, pode mudar o jogo.

Considerado um dos mais importantes pesquisadores de liderança da atualidade, Jay Conger, professor do Claremont McKenna College, da University of Southern California, lançou em 2017 o livro *The High Potential's Advantage* (A vantagem dos talentos mais promissores, em tradução livre). Para descrever o que esses colaboradores altamente talentosos têm que os outros não têm, Conger recorreu ao nome de um famoso reality show, exibido no Brasil pelo canal pago Sony: os *high potentials*, diz ele, têm um X Factor, ou Fator X, uma qualidade única, intangível e absolutamente desejável. Na verdade, esses talentos têm cinco X Factors, características que, segundo o pesquisador, são universais: valem para qualquer país e são traços de todo líder inspirador e eficaz, no Brasil, nos Estados Unidos, na Rússia ou na Nigéria. Um desses fatores ou diferenciais – adivinhe? – foi batizado de "tradução complexa". "Você precisa se tornar um mestre em traduzir o complexo mundo em volta da sua organização em algo simples de entender", disse Conger em entrevista recente.

> É um paradoxo, eu sei, mas a capacidade de transformar o complexo em simples é sempre recompensada. [...] Esse X Factor tem a ver com a habilidade de sintetizar informações de múltiplas fontes e traduzi-las em insights úteis para cada pessoa do seu círculo de influência.[*]

---

[*] ANGELO, M. The X Factor dos talentos de alto potencial. *Revista HSM*, n. 123. Entrevista com o autor.

Foi exatamente o que fez a liderança da Starbucks com seu acrônimo LATTE.

Foco é algo que alcançamos quando deixamos de dizer "sim" a outras ações que nos distrairiam justamente de chegar à "única coisa" que realmente importa. É eleger a meta daquele momento. Cumprido esse objetivo, passemos ao segundo, ao terceiro, lembrando que tudo o que começamos, devemos terminar.

Isso é muito mais produtivo do que fazer um mundo de coisas ao mesmo tempo. Sempre que focamos em várias tarefas simultâneas, levamos muito mais tempo para realizá-las do que se tivéssemos nos dedicado a cada uma delas individualmente. **Fazer uma coisa de cada vez é muito mais poderoso do que fazer várias coisas de uma vez só.**

Chegamos aqui a um ponto complicado porque, fato é, vivemos em uma sociedade que valoriza e aplaude os multitarefeiros. Em entrevistas de recrutamento, candidatos apontam o fato de "conseguirem" fazer muita coisa ao mesmo tempo como qualidade para o posto que buscam; do outro lado do balcão, empresas valorizam gente que executa o máximo possível de tarefas ao mesmo tempo. No escritório, o fato de dar conta de várias ações simultaneamente não raro desperta admiração; você conversa ao celular enquanto preenche uma planilha e procura na gaveta o *pendrive* que um colega pediu emprestado. Em casa, observa seus filhos enviando mensagens de texto enquanto assistem a um programa na televisão e fazem algum dever escolar. Parece que ser assim é uma vantagem competitiva, porque – pensamos – a vida exigirá de nós que sejamos multitarefeiros.

Será?

Na última década, várias pesquisas vêm demonstrando que, ao contrário do que prega o senso comum, fazer coisas demais simultaneamente resulta, de modo geral, em uma pilha de realizações medíocres. Os malefícios podem ser maiores: há indícios, ainda em estudo, de que ser multitarefa – em especial quando esse excesso de atividades simultâneas envolve várias mídias digitais – traz prejuízos ao cérebro. Em 2009, o professor da Universidade Stanford Clifford Nass e sua equipe de pesquisadores aplicaram três testes a um grupo de cem estudantes para avaliar seu desempenho;* eles partiam do pressuposto de que pessoas multitarefas tinham uma espécie de dom que faria falta a quem assim não fosse. Metade dos estudantes era reconhecidamente multitarefa, do tipo que mantém abertos na tela do celular ou do computador vários e-mails e conversas paralelas no WhatsApp, ao mesmo tempo que assistem à televisão e migram rapidamente de um site para outro. A outra metade agia dessa maneira esporadicamente; em

---

* GORLICK, A. Media Multitaskers Pay Mental Price, Stanford Study Shows. Standford News, 24 ago. 2009. Disponível em: <https://news.stanford.edu/2009/08/24/multitask-research-study-082409/>. Acesso em: 13 out. 2019.

geral, esses jovens faziam uma coisa de cada vez. Os testes avaliavam a capacidade de organizar memórias, filtrar informações relevantes, descartando as desnecessárias, e mudar de assunto/tema com agilidade e sem perder a concentração. Bem, o desempenho dos estudantes multitarefeiros ficou bem atrás daqueles que haviam se habituado a realizar uma tarefa de cada vez. "Eles são presas fáceis da irrelevância", constatou o professor Nass. "Qualquer coisa os distrai." Um dos colegas de Nass, o professor de psicologia Anthony Wagner, completou:

> Em situações nas quais são bombardeados por múltiplas fontes de informação externas ou que emergem da própria memória, os multitarefeiros não conseguem filtrar o que é relevante para atingir seu objetivo imediato. Isso significa que eles perdem tempo com informações não importantes.

O próximo passo da pesquisa, ainda em curso, é determinar se os multitarefeiros crônicos têm uma inabilidade de concentração inata ou se o fato de fazerem tantas coisas ao mesmo tempo danificou seu cérebro.

A cada vez que tentamos fazer duas ou mais coisas ao mesmo tempo, dando a isso o nome de produtividade, nos iludimos. Na real, estamos fatiando o nosso foco e o resultado de nossas ações será pior. Pense em uma atividade realmente importante; algo de que dependa a nossa segurança ou a nossa sobrevivência. Imagine, por exemplo, que você está descendo da cidade de São Paulo para o litoral paulista pela Via Anchieta, uma estrada sinuosa que contorna a Serra do Mar, oferecendo paisagens deslumbrantes e penhascos perigosos. Há neblina, uma garoa fina e um fluxo intenso de caminhões. Aposto que, em uma situação assim, você não olharia quem acabou de mandar mensagem pelo aplicativo. Nem sequer atenderia ao celular caso ele tocasse. Estaria concentrado na própria sobrevivência. Isso é foco.

No entanto, o fato de sabermos que realizar muitas coisas ao mesmo tempo produz quase sempre resultados ruins não faz a montanha de tarefas com que nos deparamos todos os dias desaparecer milagrosamente. Ela continuará lá, nos espreitando como um predador atrás de uma moita na selva. Como escreveu Gary Keller em *A única coisa*: "Quando você foca no que é realmente importante, [...] sempre haverá coisas por fazer no fim do dia, da semana, do mês, do ano e da vida. [...] Deixar algumas coisas por fazer é o preço a se pagar para ter resultados extraordinários".* Mesmo os *high potentials* descritos no estudo de Jay Conger padecem com essa dor. Outro X Factor identificado por ele é ter uma percepção acuradíssima em torno das expectativas do chefe em cada tarefa. O problema com isso é que os *high potentials* naturalmente têm cargas de trabalho superiores às de seus colegas. Embora não reclamem disso,

---

* KELLER, G.; PAPASAN, J. *A única coisa: o foco pode trazer resultados extraordinários para sua vida*. 1 ed. Barueri: Novo Século, 2012 p. 76.

o tempo e a energia de um dia de trabalho são limitados para a quantidade de desafios que pipocam o tempo inteiro, de tal modo que é preciso agir com estratégia na hora de escolher onde investir o gás. Veja o que ele sugere nesses casos:

> Propomos um processo para isso. Primeiro, determine quais tarefas precisam ser completadas, mas não são críticas a ponto de diferenciá-lo. Termine-as, mas não invista tempo demais nelas. No meio do grande número de tarefas que você terá, sempre existirão duas ou três que são realmente valiosas para seu chefe, o que chamamos de "tarefas-chave". Essas devem ser seus projetos prioritários.[*]

Depois de muita reflexão sobre todos esses aspectos da nossa relação tumultuada com nossas tarefas e o tempo disponível para realizá-las, reformulei a pergunta. Em vez de indagar a mim mesmo "O que eu faço primeiro?", começo meu dia perguntando: "**O que não posso deixar de fazer hoje?**". Para mim, isso é mais do que urgente.

---

[*] ANGELO, M. op. cit.

> **Os conceitos básicos deste capítulo:**
>
> ▶ Prioridade não tem plural – ou ao menos não deveria ter em uma vida produtiva e feliz.
>
> ▶ Foco é simplicidade, mas chegar a um foco simples exige conhecimento do negócio e capacidade de síntese.
>
> ▶ Fazer uma coisa de cada vez é mais produtivo do que fazer várias coisas ao mesmo tempo. Ser multitarefeiro é uma armadilha.
>
> ▶ No final do dia, sempre haverá coisas que não conseguiremos fazer. Por isso é tão importante se perguntar: "O que eu não posso deixar de fazer hoje?".

CAPÍTULO 9
....

A ameaça dos ladrões de tempo

Gostaria agora que você recuasse até a página 103, na qual listamos tarefas hipotéticas de um dia de trabalho. Analisemos juntos uma delas, "orientar o setor de compras sobre a nova regulamentação". Eu sei que, sem as instruções, o time de compras ficará imobilizado, portanto, se quero manter a produtividade dessa equipe, estou diante de algo que não posso deixar de fazer hoje. Se são fáceis ou difíceis é menos relevante. Percebe a diferença?

Quando nos perguntamos o que não podemos deixar de fazer no dia de hoje e nos disciplinamos para realizar essas tarefas antes de quaisquer outras, o dia ganha mais foco e produtividade.

O mesmo se aplica, claro, à vida pessoal – mesmo porque ela se emaranha inexoravelmente na vida profissional. Certa vez li uma entrevista muito lúcida da senadora norte-americana Kirsten Gillibrand, democrata e mãe, sobre como organizava seu tempo: "Pode ser que eu queira fazer cem coisas em um dia, mas sei que preciso pegar as crianças entre 5 e 6 da tarde. Isso é o mais importante. Então, faço tudo se encaixar em torno disso. Sei o que é preciso fazer. E então sei o que quero fazer".*

Depois que compreendi o mecanismo do que *não posso deixar de fazer hoje* e passei a executá-lo cotidianamente, minha agenda otimizou-se e o resultado é excelente. Começando a jornada muito cedo, não é incomum que, na hora do almoço, eu já tenha cumprido tudo o que não poderia deixar de fazer. Então, posso escolher entre ver uma exposição de arte no meio do dia ou adiantar alguma tarefa da próxima semana, com serenidade e, possivelmente, mais excelência do que se tivesse deixado para executá-la muito perto do prazo final.

Autor de best-sellers como *O poder do hábito* e *Mais rápido e melhor*, o jornalista norte-americano Charles Duhigg postula que a ciência da produtividade tem oito elementos: motivação, equipe, foco, definição de metas, gestão de pessoas, tomada de decisões, inovação e absorção de dados. No entanto, chamo sua atenção para um ponto em especial, que é o das metas. Para facilitar a visualização e o cumprimento delas, ele propõe uma lista com oito perguntas:

1. Qual é a meta? O que realmente quero?
2. Qual é a primeira coisa que posso fazer?
3. Quais são as maiores distrações que podem acontecer?

---

* SVETKEY, B. et al. J. Fast Company. *Revista HSM*, n. 120 extra. Entrevista com Kirsten Gillibrand.

4. Como vou lidar de maneira objetiva e produtiva com as distrações?
5. Como mensurar e saber que estou evoluindo?
6. Quais são os fatores de sucesso da meta estabelecida?
7. Este plano é realista?
8. Depois deste passo, qual é o próximo?

Na busca pelo foco e pelas tarefas que não podemos deixar de cumprir hoje, precisamos tomar um cuidado todo especial com os ladrões do nosso tempo. Nem sempre percebemos como eles são onipresentes e ameaçadores; os ladrões de tempo são ladinos, infiltram-se no nosso cotidiano muitas vezes sem que percebamos.

É fácil coroar as redes sociais como as campeãs de roubo de tempo precioso, e elas, de fato, têm culpa no cartório. Segundo dados de 2018 do Hootsuite e do We Are Social,* nós, brasileiros, somos medalha de bronze em tempo de permanência na internet: ficamos conectados durante nove horas e catorze minutos diariamente (nem sempre em redes sociais, é verdade, mas reflita sobre o seu caso), atrás apenas da Tailândia, a campeã, com nove horas e trinta e oito minutos, e as Filipinas, com nove horas e vinte e quatro minutos. O que dizer, porém, das reuniões impro-

---

* PORTAL G1. Brasileiro é um dos campeões em tempo conectado na internet. 22 out. 2018. Disponível em: <https://g1.globo.com/especial-publicitario/em-movimento/noticia/2018/10/22/brasileiro-e-um-dos-campeoes-em-tempo-conectado-na-internet.ghtml>. Acesso em: 13 out. 2019.

dutivas, evasivas, agendadas sem critério, sem hora para terminar? Da parada para o cafezinho ou para atender ao colega do lado? Ou para cancelar a consulta no dentista (você acabou de se lembrar, vai que esquece se não fizer isso já)? Muitas interrupções são bem-intencionadas, contudo fracionam nossa atenção e nos obrigam a despender mais tempo voltando ao ponto onde estávamos quando fomos interrompidos. Como registrou o autor e inventor norte-americano Benjamin Franklin, "O tempo perdido nunca mais é encontrado".

A literatura de gerenciamento do tempo está repleta de táticas para dispersar os ladrões de tempo e garantir que mantenhamos o foco na tarefa do momento presente. Um dos mais efetivos – e também curioso por sua origem e seu nome – é a Técnica Pomodoro. Em italiano, *pomodoro* quer dizer "tomate"; era esse o formato do timer de cozinha que o (então) estudante Francesco Cirillo tinha à mão quando, em desespero por não conseguir se concentrar para uma prova, decidiu programar o objeto para tocar daí a alguns minutos. Durante esse tempo, prometeu a si mesmo, não levantaria os olhos do livro e exercitaria uma concentração absoluta. Deu tão certo que Cirillo não apenas passou naquela prova, no longínquo ano de 1987, como ainda estruturou um método completo para melhorar a produtividade de pessoas e empresas com base em um timer de cozinha. Explorou o tempo ideal de cada "pomodoro" – ou seja, quanto deveria durar cada intervalo de concentração absoluta – até chegar à conclusão de que vinte e cinco minutos era o tempo perfeito, nem mais nem menos. Funciona assim: você faz a sua lista de tarefas, exatamente como proponho aqui (ele chama isso de inventário de tarefas), organiza tudo de que precisa para executá-las, uma de cada vez, programa o timer e segue concentrado até ele tocar. Então faz uma pausa, durante a qual não pode, em hipótese alguma, retornar ao tema do trabalho, e volta para um novo "pomodoro", ou seja, mais vinte e cinco minutos de profundo envolvimento.

A Técnica Pomodoro tem muitas etapas e detalhamentos, que não vou abordar aqui; mais relevante é discutir por que gosto dela quando se trata de trabalhar o nosso foco. Apresento alguns motivos:

1. Em primeiro lugar, ela se baseia na ideia de **uma coisa de cada vez,** o que, como já vimos, afasta você da mediocridade.
2. Segundo, porque envolve uma disciplina que consiste em buscar prazer na produtividade. **Quando você não é leniente, quando não fica empurrando os afazeres com a barriga e foca no que tem para fazer, a sua produtividade aumenta de maneira natural.** A melhora na produtividade, por sua vez, tem um maravilhoso efeito automotivacional, inspirando você a otimizar a própria capacidade de fazer mais e melhor.

3. Em terceiro lugar, a Técnica Pomodoro prevê pausas – mais adiante, você verá que eu mesmo incluí intervalos no dia, na semana, no mês e no ano. As pausas são momentos de zerar o nosso cronômetro interno, desestressar e nos prepararmos para começar de novo, com energia renovada.
4. E, por fim, porque essa técnica reconhece que nossa maior fonte de distrações é a nossa mente. Essas distrações são o que Cirillo, o criador do método, chamou de "interrupções internas", como "o repentino desejo de pedir uma pizza, de atualizar seu *status* em uma rede social ou de limpar sua mesa", escreve no livro que detalha a técnica, um best-seller no mundo inteiro. "A melhor maneira de administrar essas interrupções é aceitá-las e **tratá-las com delicadeza**. [...] anote-as no celular, no computador ou em uma folha de papel para resolvê-las assim que seu timer tocar. Desse modo, você reconhece o valor dessas interrupções e tem tempo de pensar nelas e analisá-las de maneira apropriada para decidir o que é ou não realmente importante".* Cirillo, hoje um consultor renomado que vive dos desdobramentos empresariais de seu método, compreendeu que o excesso de interrupções internas é a maneira que nosso cérebro encontrou para sinalizar desconforto diante do que temos para fazer. Talvez nos sintamos desconfortáveis porque

---

* CIRILLO, F. *A técnica pomodoro*. Rio de Janeiro: Sextante, 2019.

é algo complexo, mesmo, ou porque temos medo de fracassar ou, ainda, porque nosso tempo está se esgotando. Gosto quando ele indica que sua técnica nos ajuda a travar um diálogo interno, a observar nossas reações e a parar de nos iludir. O que ele tem em mente quando nos convida a esse exercício, no fundo, é apenas isto: autoconhecimento da melhor qualidade, em sua maior potência – aquela que fará de nós pessoas melhores, e não apenas mais produtivas.

Também recomendo a Técnica Pomodoro para os freelancers, um grupo profissional que cresce ao sabor das instabilidades da economia brasileira e da extinção de postos de trabalho nas organizações. Para agradar aos clientes, muitos desviam a atenção de tarefas em andamento, respondem a um chamado e desperdiçam quantidades enormes de tempo tentando recobrar a concentração. Recomendo que utilizem aplicativos de mensagens para avisar ao cliente: "Estou em uma reunião, mas ligarei às 16 horas". Se você é um prestador de serviços, programe o timer e volte o mais rapidamente que puder à atividade que estava executando. Às 16 horas, como informado, ligue assim que o timer tocar e mostre ao seu cliente que você é ponta firme.

No entanto, vale aqui um alerta: a Técnica Pomodoro será inócua se você não se mantiver absolutamente concentrado durante aqueles vinte e cinco minutos entre dois barulhinhos do timer. Para ajudar nessa missão difícil, indico uma ferramenta bastante conhecida e eficaz: a prática do mindfulness ou atenção plena, empregada em várias organizações, como Google, Apple e P&G e praticada por ícones do sucesso, como Gisele Bündchen, Richard Branson, o fundador do grupo Virgin, e o megainvestidor Warren Buffett.

Grosso modo, o mindfulness consiste em focar toda a nossa atenção em uma coisa de cada vez, fazendo-nos *presentes no momento presente* – algo que parece enganosamente simples, como bem sabe qualquer pessoa que algum dia tenha tentado meditar; se algo nos distrai desse objeto, redirecionamos o foco para a nossa respiração até que a distração desapareça. Isso se faz por meio da definição de um ponto de ancoragem que nos permitirá voltar aonde estávamos quando nos dispersamos.

O mindfulness aparece em antigos textos budistas traduzidos para o inglês como a versão para a palavra *sati*, do idioma pali, uma antiga língua indiana.* *Sati*, no entanto, tem significados muito mais sutis: não se refere apenas à atenção, e sim à capacidade de lembrar, de "ter em mente", conforme explicação de um monge do século IV, Asanga: "O que é *sati*? É o não esquecimento da mente no que diz respeito ao objeto observado. Sua função é a não distração".

---

* BUDISMO CRÍTICO. *Mindfulness – uma introdução*. 26 out. 2017. Disponível em: <https://medium.com/@budismo/mindfulness-uma-introdução-76d2a8bf75a>. Acesso em: 13 out. 2019.

Embora guardem uma conexão com a filosofia budista, as técnicas de mindfulness são práticas e sua eficácia tem comprovação científica. Gosto desta explicação do psicólogo Daniel Goleman,* que criou o conceito de inteligência emocional, é autor de um livro admirável cujo título é justamente *Foco* e consagrou-se como disseminador do mindfulness:

> A atenção é como um músculo mental. Se você for a uma academia e levantar peso, a cada repetição estará fortalecendo o músculo que participa daquele exercício. A atenção pode ser fortalecida da mesma maneira. O exercício aqui, porém, não é manter a mente concentrada; é trazê-la de volta quando ela se dispersa. Isso fortalece a conectividade dos circuitos da atenção. O curioso, para mim, é que não o exercitamos normalmente.**

A prática do mindfulness preenche essa necessidade e tem maravilhosos efeitos colaterais: melhora a memória (inclusive a memória de trabalho, aquela que acionamos para manter disponíveis as informações de que precisaremos para realizar tarefas complexas, como compreender e

---

* ESCOLA CONQUER. *Mindfulness: O que é, quais os benefícios e como praticar.* 22 nov. 2018. Disponível em: <https://escolaconquer.com.br/mindfulness-o-que-e-quais-os-beneficios-e-como-praticar/>. Acesso em: 21 out. 2019.
** Ibidem.

decidir), aprimora nossa capacidade de lidar com o estresse, ajuda na manutenção do equilíbrio emocional e fortalece a resiliência, nossa capacidade de recuperação rápida quando expostos a situações negativas.

> **Os conceitos básicos deste capítulo:**
>
> ▶ Os ladrões de tempo muitas vezes infiltram-se no nosso dia a dia sem que percebamos.
>
> ▶ Um dos métodos mais eficazes para afastar os ladrões de tempo e manter o foco é a Técnica Pomodoro.
>
> ▶ A maior fonte de distrações é a nossa mente, sinalizando que estamos diante de algo que nos causa desconforto. Para superá-las é preciso investir em autoconhecimento.
>
> ▶ A prática do mindfulness ajuda a focar toda a nossa atenção em uma coisa de cada vez.

CAPÍTULO 10

De quanto tempo você precisa para se acostumar com um nariz novo?

Naturalmente, aplicar o conceito de *o que eu não posso deixar de fazer hoje* à sua organização do tempo exige rupturas de hábitos muitas vezes antigos e arraigados. Mudá-los pode ser extenuante. Afinal, somos seres habituados a realizar determinadas ações, e o fazemos vezes incontáveis ao longo do dia de maneira reflexa: não precisamos pensar no caminho que percorreremos para chegar ao trabalho nem no lugar onde deixaremos o casaco quando entrarmos em casa. São ações que simplesmente executamos, de maneira inconsciente. São hábitos.

Hábitos podem ser bons ou ruins. Tenho amigos que, como hábito, deixam o tênis ao lado da cama para que seja este o primeiro calçado do dia – uma forma de lembrarem-se da necessidade de fazer atividade física, um hábito louvável, que melhora a disposição física e aguça o raciocínio. Já outros abrem a geladeira logo ao chegar em casa depois de um dia de trabalho, buscando na comida algum conforto para os perrengues do dia; ganham peso e alimentam-se irrefletida e inadequadamente – um hábito ruim, que deveria ser abandonado.

Houve um tempo em que se acreditava que bastavam vinte e um dias para consolidar um novo hábito. Esse tempo nasceu da observação de um cirurgião plástico norte-americano, Maxwell Maltz; nos anos 1950, ele constatou que seus pacientes demoravam em média três semanas para se adaptar a um novo nariz ou à amputação de um membro. Maltz escreveu o seguinte sobre seus achados: "Estes, e muitos outros fenômenos observados com frequência, tendem a mostrar que é necessário um mínimo de 21 dias para que uma antiga imagem mental se dissolva e outra, nova, se forme". Ele publicou suas descobertas nos anos 1960 em um livro, *Psycho-Cybernetics*, que fez muito sucesso, mas a questão não era tão simples assim. Transformado em estatística e despido de seu *status* de observação, o número mágico de Maltz foi alvo de muitos questionamentos. O mais consistente partiu da inglesa Phillippa Lally, uma pesquisadora da área de saúde mental da University College London. Em 2009, Phillippa e sua equipe conduziram um estudo com 96 pessoas que foram convidadas a escolher um novo hábito e praticá-lo durante doze semanas, produzindo relatos diários sobre sua adesão ao novo comportamento e quão automático ele foi se tornando.* Os pesquisadores descobriram que automatizar

---

* LALLY, P. et al. How are habits formed: modelling habit formation in the real world. *European Journal of Social Psychology*, 16 jul. 2009.

um novo hábito exige em média sessenta e seis dias. A boa notícia é que nem todos os participantes se mantiveram estritamente na linha, mas, ainda assim, conseguiram consolidar o hábito novo – ou seja, a construção de um hábito não é um tudo ou nada, e sim um processo.

Em seu livro *O poder do hábito*, o jornalista Charles Duhigg buscou na psicologia experimental e na neurociência pistas para descobrir como os hábitos se formam. Constatou que cada hábito precisa de um gatilho, uma rotina e uma recompensa. O gatilho informa ao cérebro que é hora de ligar o piloto automático e indica qual hábito deve ser acionado dentre os que estão disponíveis no nosso repertório mental. A rotina é a ação propriamente dita (ou um pensamento, ou mesmo uma emoção – hábitos não são apenas ações físicas). A recompensa ajuda o cérebro a fixar a ideia de que aquele hábito traz algo de bom, portanto deve ser arquivado para futuras repetições. O tempo se encarrega de automatizar esse circuito.

A melhor maneira de mudar um mau hábito, segundo Duhigg, é alterando um componente por vez. "Para mudar uma rotina, é preciso manter o velho gatilho e substituir o comportamento por algo cujo prêmio também seja uma recompensa. Não tente mudar tudo de uma vez", alertou ele em texto publicado na revista *HSM Management*.*

Disponível em: <https://onlinelibrary.wiley.com/doi/abs/10.1002/ejsp.674>. Acesso em: 18 out. 2019.

* DUHIGG, C. Livre-se do hábito ruim. *HSM Management*, n. 93, jul.-ago. 2011.

Para mim, mudanças de hábito talvez tenham sido mais fáceis porque durante muitos anos trabalhei em multinacionais, um ambiente que exige grande versatilidade e constante readaptação. Lá aprendi que muitas vezes é melhor pedir desculpas do que permissão. A permissão atrasa decisões e, com isso, perdem-se oportunidades. Dessa época, lembro que, quando setembro se aproximava, minha equipe e eu entrávamos no *looping* de planejamento e orçamento que qualquer pessoa que tenha trabalhado em uma organização conhece bem. Durante várias semanas reservávamos um ou dois dias para preparar o próximo ano, ajustando e negociando pontos importantes, em um processo desgastante e por vezes doloroso, que, no entanto, resultava em uma estratégia clara e exequível para os tempos que viriam.

Foi após um desses períodos intensos de planejamento empresarial que tive o insight do qual vieram muitas das lições deste livro. Vou contar como aconteceu.

Há alguns anos, minha mulher, meus filhos e eu havíamos tirado miniférias em um fim de ano para fazer algo que adorávamos em família: acampar. Eu tinha um trailer e estava no meio do mato, tranquilo, esperando o Natal chegar. Tranquilo, sim, mas eu estava também exausto. Naquele ano, o planejamento empresarial havia atrasado, o que não era comum, arrastando-se praticamente até a véspera da tradicional pausa de fim de ano. Tinha sido um desgaste enorme. Sob as estrelas, em uma noite quente de verão, pela primeira vez me perguntei: "Gozado, eu não faço isso com as minhas coisas. Se eu passo três meses planejando o próximo ano da empresa, como é possível que eu não gaste uma hora sequer pensando no meu ano, no que eu quero para mim?".

Eu não estava infeliz, pelo contrário; à época eu tinha perto de 40 anos, era o CEO da Polaroid e tinha conseguido provar a mim mesmo que, sim, aqueles caras de fato tinham entendido mais de mim do que eu mesmo (ou seja, eu não era um impostor e estava desempenhando muito bem a minha função). Estava cansado, mas realizado profissionalmente e vivendo a melhor fase da minha vida até aquele momento. No entanto, faltava alguma coisa. Naquele instante, eu não era dono do meu tempo. Outras pessoas faziam minha agenda. Eu tinha pouco tempo para minha mulher e meus filhos. Na verdade, eu mal tinha tempo de respirar.

No fundo, o que é um planejamento de empresa? É decidir o que aquela organização deseja para o próximo ano: quanto quer vender, que lucro espera auferir dessas vendas, quantos novos produtos pretende lançar, quantos clientes deseja alcançar. E a estratégia nada mais é do que o "como" para chegar a esses objetivos. Na nossa vida pessoal, o planejamento pode ser traduzido como os nossos sonhos. Quais são os seus? O que você deseja para o próximo ano?

Eu nunca tinha me perguntado aquilo, e a sensação foi simplesmente mágica.

Não estou falando em lista de desejos de Ano-Novo, aquela que a gente faz sabendo desde sempre que não vai concretizar. Estou falando de planejamento sério, rigoroso, como o das empresas – porém, para a vida. Para o grande bem escasso e finito que temos: o nosso tempo.

Àquela época, e certamente não foi uma coincidência, eu estava muito tocado por um filme a que havia assistido pouco antes. O título em inglês era *Bucket List*, exibido nos cinemas brasileiros como *Antes de partir*. Os protagonistas são um bilionário, Edward Cole, interpretado por Jack Nicholson, e um mecânico, Carter Chambers, vivido por Morgan Freeman. De estratos sociais tão diversos, por artes do destino os dois se conhecem em um hospital, onde ocupam camas lado a lado e compartilham o mesmo diagnóstico: têm câncer agressivo. A certa altura, quando está fazendo sua *bucket list* – como os norte-americanos chamam a lista de desejos que gostariam de realizar antes de morrer –, Carter recebe dos médicos a notícia de que, concluídos os exames, terá apenas mais seis meses de vida. Resignado, o mecânico amassa o papel onde escrevia os sonhos que ainda queria realizar e o joga no lixo.

Carter tivera uma vida difícil. Parou de estudar quando engravidou a namorada e trabalhou muito ganhando pouco. O prognóstico põe fim a suas aspirações de admirar a montanha mais alta do mundo, o Everest, ou visitar as pirâmides do Egito.

No leito ao lado, Edward observa tudo. Rico e bem-sucedido, ele não achava, até aquele momento, que tivesse ainda desejos em aberto, mas se comove com o drama do companheiro de quarto e, à maneira maravilhosa dos dramas de Hollywood, dispõe-se a presentear seu companheiro de infortúnio com a realização de seus sonhos. Embarcam ambos no jatinho do empresário e viajam pelo mundo em uma jornada que é muito mais interior do que externa. A certa altura, o personagem de Jack Nicholson decide, ele próprio, expressar um desejo: beijar a mulher mais linda do mundo. Carter critica a aparente superficialidade desse sonho, até compreender de quem se trata – e mais não direi, porque chega de *spoiler* e eu gostaria que você assistisse a esse filme, disponível em várias plataformas. É uma história intensa e profunda, que provoca reflexões com potencial para chacoalhar a nossa vida. Foi assim comigo.

Dias depois, continuei pensando no filme e em como aquele enredo poderia me ajudar a ter uma vida mais plena. **Decidi que passaria a fazer a minha *bucket list*. Não pensando na morte, embora este seja sem dúvida um *deadline* potente, mas, sim, em uma vida mais plena.** E foi assim que comecei. Todo fim de ano, dedico um tempo – pode ser um dia inteiro ou um pouco menos – para revisitar minha *bucket list*. Dos sonhos que eu tinha, quais consegui realizar? Dos que ficaram, todos ainda fazem sentido à luz do que aprendi e amadureci no ano que termina? Quais são os que preciso incorporar à minha lista? Se eu não estou realizando meus sonhos, o que está guiando a minha vida?

Será que parei de sonhar? Se isso aconteceu, significa que estou pronto para partir?

Sei que essa pergunta parece dramática, e possivelmente é, mas acredito, de verdade, que a falta de sonhos, aliada à escassez do descanso, são as grandes ameaças do nosso tempo. Tudo o mais decorre disso.

Observe que a *bucket list* é muito diferente da lista de tarefas do cotidiano. Ambas são importantes, mas têm papéis muito diferentes. A lista de tarefas – aquela diante da qual você se perguntará o que *não pode deixar de fazer hoje* – é rapidamente perecível. Quando cumprida dentro dos critérios que proponho, agregará produtividade e qualidade aos seus dias. No entanto, como você já compreendeu, ela é um arrazoado de tarefas. No caso da *bucket list*, estamos falando de um direcionamento mais amplo para a nossa carreira, os nossos negócios e, em última instância, a nossa felicidade. Quando não fazemos esse planejamento de longo prazo para nossa vida e nossa carreira, corremos sério risco de nos deixarmos absorver pelas questões urgentes que brotam todos os dias e, com isso, esquecemos as coisas que o dinheiro não compra: os sonhos. Beijar a mulher mais linda do mundo (continuo firmemente decidido a não dar *spoiler*!), por exemplo. Se não tem algo parecido na sua *bucket list*, acredite em mim: um dia essa ausência cobrará seu preço, e não sairá barato.

Está na minha lista, por exemplo, o desejo de impactar a vida dos meus netos. Como os outros ainda eram pequenos enquanto eu escrevia este livro, essa meta se resumia a passear todo sábado de manhã com um deles, Joca, um menino esperto de 7 anos. Gosto de surpreendê-lo com passeios inusitados para ele: uma visita à escultura do Gato Gigante, no MAC do Ibirapuera, por exemplo; uma ida à livraria com dinossauros de madeira pendentes do teto; uma viagem de metrô até o centro de São Paulo, a cidade onde vivemos. Na volta para casa, ele tagarela sem parar, contando para os pais tudo o que fizemos. Um dia, recebi por WhatsApp uma linda mensagem da minha nora, mãe dele: "Obrigada por proporcionar sempre esses sábados ao Joca". Respondi a ela que o agradecimento era equivocado: é o Joca quem me proporciona esses sábados, e não eu a ele. Quando o meu neto seguinte for um pouquinho mais velho, vou investigar do que ele gosta. Esportes? Veremos juntos um jogo bacana todo mês. Pescaria? Providenciarei o equipamento. Para impactar a vida dos meus netos, escrevi na minha *bucket list* que, quando completarem 10 anos, farão comigo uma viagem para onde quiserem, e a cada cinco anos viajaremos todos juntos, um avô e sua jovem descendência.

Pode ser que algo não saia como previsto. Que eu não consiga cumprir todos esses desejos. No entanto, **estou focando na vida que quero ter**, como uma boa e velha cenoura que galvaniza a minha atenção e me leva a conquistar o que estabeleci para mim mesmo.

Em 2018, eu quis conhecer a Croácia de bicicleta. Se não tivesse dinheiro, eu não faria isso, mas tinha e fiz, do mesmo jeito que, há alguns anos, percorri Myanmar de bike. Nesse país asiático, lembro-me de encontrar um grupo de monges jogando futebol em meio aos arrozais; parei, estacionei a bicicleta e fui jogar com eles. Uma experiência mágica que me acompanhará para sempre. Essas viagens ganham contornos muito especiais, pois as faço com Adriana, minha mulher, que me acompanha nas pedaladas, nos vinhos e na descoberta de novas paisagens. E que só são possíveis porque, no ano anterior, eu vislumbrei como seria o próximo ano. Depois de vislumbrar, ou seja, de preparar a minha *bucket list*, eu trabalhei para transformá-la em realidade. Com planejamento, um desejo como esse torna-se inclusive mais barato, porque é possível escolher o melhor mês para fazer a viagem e comprar a passagem com antecedência.

Faltou dizer que, além de planejar o dia e o ano, também planejo o mês. Todo dia 30 ou 31 eu analiso a minha lista e verifico o que não posso deixar de fazer no mês seguinte para "ganhar meu ano" e realizar os desejos da minha *bucket list*.

Essa dica vale inclusive para planejamentos financeiros mais simples. Imagine, por exemplo, que você quer trocar de carro e que precisará de 30 mil reais. Você pode anotar no seu planejamento de fevereiro que precisa separar 3 mil reais por mês (um pouco menos se aplicar o dinheiro e contar com o efeito dos juros compostos) durante dez meses e renovar essa meta mês a mês. Com disciplina e organização, poderá estar de carro novo antes do Natal. Já sei, você está pensando que sou um virginiano incorrigível (o que talvez eu seja mesmo). Meus alunos, sempre em tom de piada, me perguntam se organizo as camisas no guarda-roupa sempre viradas para o mesmo lado e se guardo as meias por cor (por acaso, a resposta a essas duas perguntas é não). Mas não estou falando de uma disciplina virginiana utópica. Estou falando de viver bem. Com menos estresse e mais qualidade e alegria. As tarefas estarão todas lá no seu caderninho e não vão evaporar apenas porque você as anotou, mas estou certo de que você se sentirá muito menos ansioso.

Comece cada dia perguntando-se o que você não pode deixar de fazer hoje. Termine cada mês perguntando-se o que ainda é preciso fazer para ter um ano lindo, próspero e cheio de realizações.

Encerre cada ano perguntando-se quais desejos você realizou e celebre suas conquistas! Reflita sobre os sonhos que tinha e não conseguiu realizar. Avalie, com honestidade, se eles ainda fazem sentido à luz das transformações que ocorreram com você. Acrescente novos desejos pessoais e profissionais e planeje-se para cumpri-los.

Os passos que proponho a você para melhorar o seu relacionamento com Cronos e, consequentemente, com Kairós são ideias simples e factíveis. Exigem mudanças de hábitos que você pode implementar na sua vida com a ajuda do triângulo foco, disciplina e organização. Eles aumentam as probabilidades de um ano bom. Fica coisa para trás? Sempre. Pode ser que o acaso interfira, que você mude de emprego, precise fazer uma viagem, abandone tudo por um grande amor. Mas deixaremos de fazer muito menos do que se não nos organizarmos.

Cabe aqui uma reflexão adicional sobre o aspecto "disciplina" do nosso triângulo. Destaco esse ponto não apenas porque é vital para a realização dos sonhos da *bucket list*, mas também porque a disciplina será cada vez mais exigida no cenário profissional e, por extensão, no pessoal, que se anuncia.

Hoje, ninguém mais duvida de que os modelos de trabalho da era industrial caducaram, mas o jeito de trabalhar no futuro (que é hoje; para mim, o futuro já está posto) ainda vem se desenhando, o que exige das organizações enorme empenho, energia e uma mudança de cultura e mentalidade. Gestores precisam confiar em suas equipes o suficiente para liberá-las com a finalidade de trabalhar da melhor forma possível, que, em geral, não é aquela a que se habituaram. Ex-editora do jornal britânico *Financial Times* e autora de um livro chamado *Future Work*, em parceria com Peter Thomson, a jornalista Alison Maitland observa que os funcionários precisarão comprometer-se de maneira mais firme com suas entregas sem um chefe que os aborde a cada período do dia perguntando: "Já terminou?". Essa "nova" postura, que nem é tão nova assim, exige, naturalmente, grande disciplina e ótimo uso do tempo. Quem trabalha em casa sabe do que estou falando. E, no entanto, isso é perfeitamente possível, como vêm comprovando empresas como a Unilever, que há alguns anos adotou a estratégia *agile working* (trabalho ágil) como forma de crescer com foco em sustentabilidade, cortar custos e atrair e reter talentos. A Unilever já relata aumento da produtividade e da economia, bem como redução da pegada de carbono. No entanto, ainda há muito a equacionar. "O tradicional modelo único de trabalho minimiza as diferenças individuais e tende a excluir aqueles que não estão dispostos ou não conseguem se adaptar. No entanto, o novo ambiente de autonomia individual e responsabilidade não é fácil para todos", admite a escritora.

O que fazer, então?

Nesse novo mundo do trabalho em beta, o psicólogo norte-americano Howard Gardner, que elaborou a teoria das inteligências múltiplas, oferece algumas pistas em um livro instigante que, mesmo publicado em 2007 (no Brasil), mantém-se vertiginosamente atual. *Cinco mentes para o futuro* descreve os cinco tipos de "inteligência" que, segundo ele, teremos que cultivar para sobreviver ao que virá; sem elas, estaremos expostos a forças que talvez nem sequer consigamos compreender. De 2007 (ano em que Steve Jobs lançou seu primeiro iPhone...) para cá as transformações se aceleraram com uma velocidade que nem um intelecto potente como o de Gardner poderia prever. Ainda assim, observe quão pertinentes são as mentalidades que ele descreve como essenciais para navegar no futuro marcado pelo uso crescente da tecnologia:

- **Disciplinada.** Aqui, não se trata apenas de dizer que faremos algo e cumprirmos esse combinado. Gardner acredita que uma mente disciplinada precisa dominar as grandes formas de pensar da humanidade (a ciência, a matemática e a tecnologia, mas também a arte e a filosofia, entre outras) e ainda se manter em formação contínua ao longo da vida.
- **Sintetizadora.** A capacidade de síntese é imprescindível diante da quantidade caudalosa de informações que temos na ponta dos dedos hoje. Para o psicólogo, a mente sintetizadora captura informações de fontes diversas, processa-as e produz material compreensível e desfrutável por outras pessoas. O acrônimo da Starbucks, lembra? LATTE.
- **Criadora.** Valendo-se dos poderes da disciplina e da síntese, a mente criadora deverá propor ideias novas e perguntas desconhecidas, com respostas surpreendentes em um contexto que, hoje, chamamos de VUCA, o acrônimo emprestado do Exército americano para descrever ambientes em que imperam *volatility* (volatilidade), *uncertainty* (incerteza), *complexity* (complexidade) e *ambiguity* (ambiguidade).

Reconheceu o mundo em que vivemos? Gardner promete que a mente criadora nos manterá um passo à frente dos robôs mais sofisticados.

- **Respeitosa.** A mente respeitosa será essencial para reconhecer a diversidade e conviver com ela de maneira harmoniosa e prolífica. Ao descrever essa inteligência, o psicólogo faz uma advertência assustadora: se as pessoas não aprenderem a conviver, chegará o momento em que o planeta ficará desabitado.
- **Ética.** Componente indispensável na sociedade em que queremos viver no futuro, a ética nos convida a pôr de lado nossos interesses específicos e pensar no que é melhor para todos. Uma mente ética procura compreender o ponto de vista do outro e harmonizar-se com ele.

As cinco mentes, afirma Gardner, são diferentes das inteligências múltiplas porque são universais e podem (devem!) ser cultivadas por todos. Vou além: elas estão na raiz de um bom relacionamento com o tempo e com sua utilização racional, produtiva e focada na conquista da felicidade.

> **Os conceitos básicos deste capítulo:**
>
> ► A aplicação do meu conceito exige ruptura com alguns hábitos antigos. Em média, precisamos de 66 dias para substituir um mau hábito por outro bom.
>
> ► Devemos fazer um planejamento sério e rigoroso para a vida, considerando o bem mais escasso e finito que temos: o tempo. Isso implica criar a nossa bucket list, que é diferente da lista de tarefas do dia porque diz respeito aos nossos sonhos. Idealmente, todo final de ano deveríamos revisitá-la para ajustes de rota.
>
> ► Talvez algo não saia como previsto, mas é importante focar na vida que queremos ter, e não na vida que temos.
>
> ► A disciplina terá um papel vital na concretização da nossa *bucket list*.

CAPÍTULO 11

A corrida insana das mulheres

Acredito que muitos de meus leitores são mulheres e abro este capítulo com uma reflexão bem particular para esse público. Apesar dos enormes e inegáveis avanços na conquista de direitos femininos, as mulheres ainda vivem sob condições cruéis. Convivo e trabalho com muitas cuja jornada, por conta da maternidade e das obrigações familiares em geral, me parece (eu sei que é a palavra é forte, mas considero adequada) insana: acordam cedíssimo, preparam refeição, despacham as crianças para a escola e os companheiros para o trabalho, arrumam-se e vão elas próprias para o trabalho, voltam, nova refeição, supermercado, ajudam o filho com o dever, dão suporte a pais idosos e, como se fosse pouco, cobram-se em cada uma dessas tarefas uma perfeição que é simplesmente impossível de atingir. Estou convencido de que perguntar "O que eu não posso deixar de fazer hoje?" ajudará minhas leitoras a lidar melhor com essa montanha de tarefas.

Há muitos problemas nessa corrida maluca que é o cotidiano de tantas mulheres. Um dos mais relevantes é o fato de que boa parte dessas tarefas cai na categoria do trabalho não remunerado. Em seu livro *O momento de voar*, a filantropa Melinda Gates dedica um capítulo à análise desse tema. Melinda divide com o marido, o bilionário Bill Gates, fundador da Microsoft, a presidência da fundação que leva o nome de ambos. A Fundação Bill e Melinda Gates trabalha nas áreas de saúde e geração de renda em países pobres, mas a senhora Gates fez do empoderamento feminino o centro de seu trabalho. Ela escreve:

> Em média, as mulheres ao redor do mundo dedicam o dobro de horas dos homens ao trabalho não remunerado, mas o tamanho dessa disparidade varia. Na Índia, elas passam seis horas por dia realizando tarefas não remuneradas, enquanto os homens passam menos de uma. Nos Estados Unidos, as mulheres cumprem em média mais de quatro horas de trabalho não remunerado diariamente; os homens, duas horas e meia. Na Noruega, essa proporção é de três horas e meia para as mulheres contra cerca de três para os homens. **Não existe nenhum país onde a diferença seja zero.** Isso significa que, em média, as mulheres cumprem sete anos de trabalho não remunerado a mais do que os homens durante a vida. É mais ou menos o tempo necessário para terminar uma faculdade e um mestrado.*

---

* GATES, M. *O momento de voar*. 1. ed. Rio de Janeiro: Sextante, 2019, p. 107. Os grifos são meus.

Do ponto de vista deste livro, chamo a sua atenção para o fato de que essa diferença no uso de tempo tem influência direta na capacidade de sonhar. A montanha de tarefas pelas quais não recebem nenhum pagamento financeiro revela-se uma barreira praticamente intransponível para muitas mulheres; sem remuneração, elas não aperfeiçoam sua formação, recuam na caminhada pela igualdade e perdem poder e independência. Não é difícil imaginar que muitas desanimem, acreditem que seu destino está traçado e, se é que um dia tiveram alguma, enterrem sua *bucket list* na cova dos desejos que jamais se realizarão e, portanto, merecem o esquecimento.

É um problema muito mais complexo do que os dilemas de uso de tempo que este livro se propõe a resolver. Nem por isso, porém, deve ser menosprezado. Cada um de nós, homens e mulheres, a partir de seu universo particular, deveria se perguntar que contribuição pode oferecer para diminuir a desigualdade de gêneros. Em sua obra, a própria Melinda conta uma história ao mesmo tempo divertida e inspiradora. Quando sua primeira filha, Jennifer, chegou à idade de iniciar a educação infantil, o casal encontrou uma escola que considerou ideal, mas que ficava a cerca de quarenta minutos de carro da residência da família. Melinda se queixou do tempo que passaria no trânsito duas vezes ao dia, na ida e na volta.

"Eu posso dividir com você", disse Bill Gates a uma esposa incrédula, que lhe perguntou se a proposta era séria.

"Claro", respondeu ele. "Isso vai me dar tempo para conversar com Jenn."

Bill Gates já era Bill Gates naquela época, 2001. Isso não o impedia de, duas vezes por semana, levar a filha para a escola, passar de novo pelo bairro onde moravam e ir para a Microsoft. Cerca de três semanas depois, nos dias em que Melinda ia deixar Jennifer, ela começou a notar um monte de pais fazendo o mesmo, o que lhe pareceu absolutamente incomum. Não resistiu e perguntou a uma mãe o que estava acontecendo ali.

"Tem um monte de pais aqui", constatou.

E ouviu como resposta:

"Quando vimos o Bill Gates trazendo a menina, fomos para casa e dissemos aos nossos maridos: 'Se Bill Gates pode levar a filha para a escola, você também pode'."

Em meu livro *Reinventando você*, publicado em 2009, escrevi um capítulo que se chamava "'Mulherização': Marcas de batom na trilha do futuro".* Nele, eu fazia uma reflexão sobre o avanço das mulheres no mercado de trabalho e profetizava o valor dos ambientes gênero-inteligentes, expressão que ouvi pela primeira vez da boca da empreendedora Cristiana Arcangeli, criadora de marcas de grande sucesso ligadas ao universo da beleza, como Phytoervas e Beauty'in. Para Cristiana, um ambiente gênero-inteligente é aquele que conjuga de maneira sagaz as forças biológicas

---

* JÚLIO, C. A. *Reinventando você*. Ed. Compacta. São Paulo: Campus, 2009, p. 117.

de cada sexo, produzindo "uma rica complementariedade que vai trazer mais ganhos para as empresas". Já em 2009, eu falava e escrevia sobre a importância de ter mais mulheres em posições de chefia, antecipando os resultados como os da pesquisa realizada pela empresa de recrutamento Talenses em parceria com o Insper;[*] em 2018, esse estudo revelou que empresas cujos presidentes são do sexo feminino têm maior percentual de mulheres em cargos de chefia: 34% ocupam funções de vice-presidência, 45% dos postos de direção e 41% dos cargos em conselhos de administração. Quando o CEO é um homem, essas porcentagens caem para 18%, 23% e 10%, respectivamente. Das 920 empresas brasileiras que responderam à pesquisa, apenas 15% eram lideradas por mulheres. Mesmo assim, parece haver um avanço em relação à realidade mundo.

Outra pesquisa, de escopo maior, realizada no início de 2019 pela consultoria Bain & Company em parceria com a plataforma LinkedIn, revelou que menos de 5% dos CEOs e presidentes de conselho são do sexo feminino.[**] Segundo a pesquisa, houve alguns avanços no discurso (82% das

---

[*] LESSA, I. Igualdade de gênero é maior onde há CEOs mulheres. *Meio & mensagem*, 22 ago. 2018. Disponível em: <https://www.meioemensagem.com.br/home/marketing/2018/08/22/igualdade-de-genero-e-maior-onde-ha-ceos-mulheres.html>. Acesso em: 14 out. 2019.
[**] DE CHIARA, M. Menos de 5% dos CEOs de empresas são mulheres. *O Estado de S. Paulo*, 2 jul. 2019. Disponível em: <https://economia.estadao.com.br/noticias/geral,menos-de-5-dos-ceos-de-empresas-sao-mulheres,70002899680>. Acesso em: 14 out. 2019.

mulheres acreditam que a igualdade de gênero deve ser prioridade, contra 71% em estudo anterior realizado em 2013), mas a maioria dos líderes (homens) ainda entrega o assunto ao departamento de Recursos Humanos, em vez de assumirem eles próprios um protagonismo na condução dessa pauta. Uma pena: já há estudos na Organização Internacional do Trabalho, a OIT, indicando que empresas que monitoram as questões de igualdade de gênero aumentam sua lucratividade em algo entre 5% e 20%.

Em seus primeiros escritos, o filósofo grego Platão defendia a ideia (quase cinco séculos antes de Cristo...) de que as mulheres eram tão preparadas para exercer cargos de governo quanto os homens. Contrapondo-se a outros teóricos que destacavam o sentimentalismo feminino, Platão acreditava que, se educadas, elas poderiam perfeitamente adquirir a racionalidade necessária para fazer a gestão das cidades-Estado da Grécia antiga. Para isso, porém, deveriam ser dispensadas dos serviços domésticos e das tarefas da maternidade. Há aí certo radicalismo, é claro, mas fato é que o raciocínio igualitário de Platão (renegado por ele anos mais tarde em função de desapontamentos com a política) nos leva de volta às preocupações de Melinda Gates com o peso do trabalho não remunerado no esforço pela emancipação feminina e pela igualdade de gênero.

Nas minhas andanças pelo Brasil e na centena de palestras que faço a cada ano, ouço muitas mulheres. Observo que há muito o que fazer para aumentar a presença feminina nas empresas, que os homens ainda relutam em compartilhar jornadas domésticas com suas companheiras e não fazem sua parte para que elas criem e persigam sua *bucket list*. Há exceções, naturalmente. Meu filho Junior, por exemplo, compartilha com a mulher, Taís, as funções que dizem respeito aos meus netos, Davi e João, de uma maneira que admiro profundamente. Se a professora da escolinha dos meninos chama os pais, ele logo se voluntaria. Junior é um profissional bastante ocupado e requisitado, com grande experiência na área de marketing digital, mas se um dos filhos precisar ir ao médico, lá estará ele. As novas gerações são mais abertas a essa divisão de tarefas, para a sorte de todos. Meu filho certamente terá muito mais lembranças amorosas e felizes da convivência com seus filhos do que eu tenho. Despertei tarde para esses prazeres, por isso sempre que posso faço esse alerta.

Observo também que as mulheres ainda sentem vergonha quando acham que não "deram conta". "Vergonha", no feminino, é não conseguir executar toda a montanha de tarefas com a perfeição que elas exigem de si mesmas. Para o homem, a vergonha está ligada a *status* e à competição, aspectos em que ainda somos muito cobrados, mas em franca desproporção quando comparados à cobrança (e sobretudo à autocobrança) das mulheres.

No entanto, também tenho boas notícias. As profissões chamadas "do futuro", sobretudo aquelas que envolvem a área digital e que para mim são "do presente" porque o futuro já aqui está, abrem espaços muito interessantes e promissores para as mulheres. Elas permitem empreender de forma mais efetiva, e sabemos que as mulheres têm grande espírito empreendedor, respondendo por 34% de todos os negócios, formais e informais, do Brasil, segundo pesquisa feita pelo Serviço Brasileiro de Apoio às Micro e Pequenas Empresas (Sebrae) em 2019.* Essas novas profissões possibilitam oferecer-se como freelancer em um nível superior de engajamento, trabalhar meio período ou em horários muito flexíveis, em esquema *home office*, colaborativo ou em ambientes de coworking. Ouço relatos de trabalhadoras do sexo feminino que não desejam cumprir jornadas de oito, nove ou dez horas em um escritório convencional, mas reservam um período do dia para criar campanhas digitais e outros produtos tecnológicos e são altamente demandadas para isso. Talvez não seja ainda o melhor caminho, mas é um caminho possível e pode abrir espaço para novas conquistas.

Quer você seja uma freelancer, empreendedora ou uma mulher em trajetória corporativa, minha pergunta-chave, "o que eu não posso deixar de fazer hoje?", segue fazendo todo o sentido. Uma vez que defina o que não pode ficar para

---

* AGÊNCIA SEBRAE DE NOTÍCIAS. *Metade das mulheres empreendedoras no Brasil são "chefes de domicílio"*. 8 mar. 2019. Disponível em: <https://revistapegn.globo.com/Mulheres-empreendedoras/noticia/2019/03/metade-das-mulheres-empreendedoras-no-brasil-sao-chefes-de-domicilio.html>. Acesso em: 14 out. 2019.

trás de jeito nenhum, sempre será mais simples organizar as demais tarefas. Se "vergonha" para a mulher é não dar conta de tudo com o grau de excelência desejado, uma boa gestão do tempo pode ter na vida dela um impacto muito maior do que na vida do homem. Lembrando que *o que eu não posso deixar de fazer hoje* não se refere apenas a tarefas profissionais e requer (lá vou eu de novo, mas acho importante reiterar esses conceitos) foco, disciplina e organização. E aqui destaco a disciplina: você tem disciplina para programar o seu check-up anual ou semestral? Tem disciplina para programar as próximas férias? Para avaliar o ano que passou, ao final dele? Para escrever quais são os seus próximos sonhos?

> Os conceitos básicos deste capítulo:

- Apesar das conquistas das últimas décadas, as mulheres ainda têm uma jornada insana, conjugando tarefas da maternidade, da vida doméstica e da profissão que escolheram.

- A sobrecarga de tarefas afeta a capacidade feminina de construir e perseguir uma bucket list. Muitas mulheres simplesmente desistem de sonhar.

- Cada um de nós deveria se perguntar como contribuir para reduzir a desigualdade entre os sexos. Boa parte do trabalho feminino não é remunerada, o que distancia as mulheres de seus sonhos.

- Ambientes de trabalho gênero-inteligentes contribuem para melhores resultados nas empresas.

- As profissões "do futuro", sobretudo na área digital, oferecem novas perspectivas para as mulheres, com flexibilidade de horários e possibilidade de escolhas. A pergunta "o que você não pode deixar de fazer hoje?" pode ajudá-las imensamente no desenho dessa nova rotina.

CAPÍTULO 12

O papel das pausas e a capital do Paraná

Vale refletir sobre um elemento que não pode estar ausente em nenhum livro que pretenda contribuir para um bom gerenciamento do tempo: o imponderável. Ou acaso, chame como preferir. Precisamos abrir espaço na nossa vida para o inesperado, porque, como sabemos, muitas ações e decisões estão sob nosso controle, mas não todas.

Autor de um livro estupendo sobre o acaso, *O andar do bêbado: como o acaso determina nossas vidas*, o físico norte-americano Leonard Mlodinow nos lembra que "os processos aleatórios são fundamentais na natureza e onipresentes em nossa vida cotidiana".* Aqui, o planejamento não se aplica. **A solução que encontrei foi abrir pausas na agenda, momentos para respirar e me recompor nas situações em que o acaso me premia com uma boa notícia ou me golpeia com algo que não saiu como eu esperava.**

---

* DA SILVA, J. M. O acaso em nossas vidas. *Correio do povo*. 23 maio 2019. Disponível em: <https://www.correiodopovo.com.br/blogs/juremir-machado/o-acaso-em-nossas-vidas-1.340877>. Acesso em: 20 out. 2019.

Procuro criar pequenas pausas no dia, na semana, no mês e no ano, religiosamente. Para mim, funcionam melhor do que os tradicionais trinta dias de férias.

Lembro-me bem do ano que passei organizando a operação brasileira da Digital House, escola voltada a preparar os profissionais para a Nova Economia que nasceu na Argentina e abriu as portas no Brasil no início de 2018. Eu sabia que chegaria a dezembro esgotado. Então, quando fiz o planejamento do meu ano, previ uma pausa no Ano-Novo em uma praia deserta na Bahia, um lugar onde poderia apenas sentar em frente ao mar e assistir ao desfile das ondas, recarregando minhas baterias e me preparando para a próxima jornada.

Ao planejar o mês, tento separar um dia, em geral uma sexta-feira, quando o mais importante da semana já aconteceu, para ficar em casa ou fazer uma pequena viagem. Mesmo ao planejar o dia, procuro uma horinha em que poderei me conectar comigo mesmo. As pausas são valiosas. Preciso delas e, quando você conseguir encaixar as suas na sua rotina, verá a diferença que fazem.

Certa vez, estava em uma reunião com uma autoridade na startup que dirijo, a Digital House. De repente, comecei a suar frio. Sentindo-me cada vez pior, prestes a desmaiar na frente da importante figura, interrompi a reunião, pedi a um diretor que seguisse com o encontro e me recolhi a um flat que alugo a uma quadra da Digital House, onde passei várias horas no escuro à espera de que a enxaqueca passasse. Como eu tinha programado pausas, "queimei" essa reserva cuidando da minha saúde e depois tive margem para recuperar as tarefas adiadas pelo imponderável – a enxaqueca. Eis outra estratégia que funciona bem para mim: minha casa fica na Grande São Paulo e, no papel CEO de uma startup, às vezes ainda me vejo diante da necessidade de trabalhar muitas horas (quem se envolve com startups sabe que como é cuidar dessas empresas embrionárias e intensas!); então, em vez de perder tempo valioso de descanso no trânsito, mantenho o flat bem pertinho do trabalho. É um privilégio, eu sei, mas sempre há uma maneira de viabilizar isso – nem que seja um sofá na casa de um amigo. Sei bem que a maioria das pessoas não consegue se permitir esse pequeno luxo, mas tenho certeza de que você pode se presentear com algumas pausas, compatíveis com seu ritmo e suas possibilidades, de modo a tornar mais produtivas as horas de dedicação a todas as tarefas do dia a dia.

As pausas são uma estratégia importantíssima para prevenir um mal do nosso tempo, o *burnout*, que acomete cerca de 30% dos trabalhadores brasileiros (é muita gente, sim), segundo o capítulo brasileiro da International Stress Management Association (ISMA), uma entidade internacional que monitora os casos de estresse no mundo. De acordo com a Organização Mundial da Saúde (OMS), o *burnout* é "uma síndrome resultante de um estresse crônico no trabalho que não foi administrado com êxito".* O termo se refere apenas ao contexto profissional, de modo que casos de esgotamento provocado por outras circunstâncias, como endividamento ou crises familiares, não devem, segundo a OMS, ser chamados dessa maneira.

Em 2019, entrevistei em meu canal do YouTube a jornalista Izabella Camargo, ex-Rede Globo. Estrela em ascensão na emissora, apresentadora da previsão do tempo nos telejornais *Hora 1* e *Bom Dia, Brasil*, Izabella teve um apagão em 2018 quando estava no ar no canal GloboNews e não conseguiu se lembrar da capital do Paraná. Sua aflição, transmitida ao vivo, era quase palpável. "O meu *burnout* começou em 2014 com os primeiros desequilíbrios em torno da privação de sono", relata a jornalista, cujo turno de trabalho começava às 3 da madrugada. "Depois vieram a depressão, problemas cardiovasculares, gastrointestinais, episódios inexplicáveis de choro, crises nervosas e uma exaustão profunda, que desaguaram no meu *burnout* em agosto de 2018. Era meu corpo pedindo socorro, mas eu demorei a escutar."

O *burnout* não tem cura, como tantas doenças que conhecemos, mas tem tratamento. Quem padece dessa síndrome precisa aprender a identificar os gatilhos da enfermidade e

---

* MONTEIRO, L. OMS classifica a síndrome de burnout como doença. *Superinteressante*, 31 maio 2019. Disponível em: <https://super.abril.com.br/saude/oms-classifica-a-sindrome-de-burnout-como-doenca/>. Acesso em: 14 out. 2019.

a proteger-se quando eles dão as caras. Izabella aprendeu a se proteger recorrendo justamente às pausas voluntárias. Espero que você não precise experimentar uma síndrome grave como essa para entender a importância de incluir "respiros" no seu dia.

Curiosamente, as crises de *burnout* acometem com frequência pessoas de alta performance e apaixonadas pelo trabalho que executam. Há uma lógica nisso: quando gostamos muito do que fazemos, podemos perder a noção do tempo e dos limites do nosso corpo, submetendo nossa saúde a provações que podem desembocar na síndrome. O maior problema da indisciplina, não por acaso, é o prazer; nossa paixão pelo trabalho pode resultar em uma dificuldade natural para fazer pausas, o que causa desequilíbrio e pode abrir espaço para o *burnout*. O contrário também é verdadeiro. Muitas das atividades que exigem disciplina estão associadas à falta de prazer – atividade física, por exemplo. Sempre me lembro de uma consideração do médico Drauzio Varella sobre como o gasto desnecessário de energia é contrário à nossa natureza. "Nenhum animal desperdiça energia", escreve ele em seu site. "Só o fazem atrás de alimento, sexo ou para escapar de predadores. Satisfeitas as três necessidades, permanecem em repouso até que uma delas volte a ser premente. Vá ao zoológico. Você verá uma onça dando um pique para manter a forma?"[*]

---

[*] VARELLA, D. Ai, que preguiça. *Drauzio*. 13 jan. 2014. Disponível em: <https://drauziovarella.uol.com.br/drauzio/artigos/ai-que-preguica-

Trabalhando desde garoto, com uma carreira ascendente desde o dia em que me tornei balconista daquela loja de equipamentos fotográficos, demorei a perceber que as pausas eram essenciais para a minha produtividade, e digo mais: para a minha saúde e a minha sanidade. Fiz muita terapia junguiana até compreender que eu precisava olhar para mim mesmo, entrar em contato com meus sentimentos, expectativas e medos, e então buscar minha evolução consciente. Hoje, casado com uma terapeuta junguiana, tenho aprendido muito sobre a importância da consciência, do autoconhecimento, dos sentimentos e das relações.

Somos um caldeirão de conflitos internos. Muitas vezes nos mostramos lenientes, procrastinando medidas que sabemos indispensáveis. Em outras, nos permitimos o que a guru de marketing norte-americana Faith Popcorn chamou de "pequenas indulgências" – aqueles comportamentos coletivos típicos de consumidores estressados ao extremo que se recompensam com a aquisição de pequenos itens de luxo, algo entre um chocolate e uma bolsa de grife; um charuto cubano e um jet ski. E sempre haverá, claro, situações em que teremos que domar o touro à unha, ou seja, olhar os problemas de frente e buscar maneiras de solucioná-los. Teremos dias de júbilo e dias de derrotas. Meses de bater as metas mais ousadas e meses de desamparo absoluto. Conviver com os contrastes, com os altos e baixos

---

artigo/>. Acesso em: 18 out. 2019.

da vida. Tropeçar e levantar – afinal, todos temos direito a uma segunda chance. Houve um momento em que caiu esta ficha crucial: a vida da gente tem um pouco de tudo. Precisa ter. E é essa montanha-russa que nos preparará para os desafios que ainda virão.

A terapia junguiana me ajudou muito a chegar ao meu nível atual de autoconhecimento, mas, se não estiver ao seu alcance ou se ainda tiver alguma resistência a essa prática (se for o seu caso, recomendo fortemente que busque derrotar essa resistência), sugiro que recorra à arte. Manifestações artísticas, à moda do filme *Antes de partir*, que me proporcionou um verdadeiro despertar, nos ajudam a ampliar nosso repertório sobre as possibilidades da natureza humana. Sou um cara encantado com outros olhares, e o cinema, a literatura, as artes plásticas e até mesmo as novelas nos convidam a explorar os desvãos que há dentro de nós. E só quem consegue olhar para dentro de si entenderá as forças que o movem.

Ouvir com atenção o outro, mesmo que, à primeira vista, ele diga algo absurdo, também pode ser uma experiência enriquecedora. Em situações assim, sempre saímos ganhando quando formulamos algumas perguntas-chave: por que tal pessoa pensa dessa maneira? De onde ela tirou suas ideias? Sopesar os argumentos do outro à luz das nossas crenças e dos nossos valores sempre nos faz crescer como seres humanos e contribui para nos devolver a serenidade em tempos de radicalismos.

Rodeado por todos esses estímulos, aprendi a reconhecer a minha força motriz: viver intensamente. Não precisa ser a sua, e nesse caso você poderá adaptar as minhas regras, segui-las com moderação ou mesmo desprezá-las. O importante, aqui, é você descobrir o que o move. Aonde quer chegar. Como deseja realizar essa jornada.

Ao fim e ao cabo, você se verá diante de um punhado de tarefas cumpridas com louvor e outras tantas que, apesar dos seus melhores esforços, não se concretizaram. Fazer o quê, então? Se sou culpado porque procrastinei ou fui leniente, não consigo evitar um primeiro momento de autoquestionamento. Por que não percebi antes? O que faltou? Busco identificar os motivos e, com um diagnóstico preciso, trabalho para não repetir a mancada. Trabalho como? Com disciplina, foco e organização; principalmente disciplina, mas não uma disciplina fóbica – e sim aquela que advém do conforto que sentirei quando a missão estiver realizada. E se eu não for o culpado? E se for obra do acaso? Nesse cenário, ligo o foda-se. Se tudo estava organizado, planejadinho, e não aconteceu porque tive um problema de saúde, por exemplo, não está nas minhas mãos. Não lamento, porque sei que fiz tudo o que estava ao meu alcance. Aceito o imponderável sem sofrimento e me preparo para a próxima tarefa.

Essa breve reflexão sobre autoconhecimento pavimentou o terreno para falar da importância de uma característica que a maioria das pessoas teima em esconder: a vulnerabilidade. Há uma conexão poderosa entre nossas fraquezas e o tempo: as pressões de Cronos, o nosso tempo externo, podem esmagar os anseios de Kairós, nosso tempo interno, e nos tornar ainda mais frágeis. Assustados e envergonhados, tentamos ocultar nossa vulnerabilidade embaixo do tapete. Mal sabemos que, assumida e exposta, ela é uma força capaz de mudar os rumos da nossa história. Quando aceitamos nossos pontos fracos, nos tornamos mais fortes para transformar o tempo em aliado.

Encontrei uma das narrativas mais lindas sobre o poder da vulnerabilidade no filme *Cavalo de guerra*, um drama magnífico de 2011, dirigido por Steven Spielberg. A trama sobre a amizade entre um jovem camponês, Albert, interpretado por Jeremy Irvine, e Joey, seu cavalo inteligente e destemido, arranca lágrimas, é claro, mas sobretudo (ao menos para mim) ensina a respeito da arte de se expor sem medos e as coisas boas que podem advir dessa conduta. Refiro-me em especial a uma cena que vou narrar. O contexto é o seguinte: Albert e o animal desenvolvem uma conexão única, mas a família do jovem, de fazendeiros pobres, é obrigada a vender o cavalo a um militar de partida para a Primeira Guerra Mundial (1914-1918). Albert se alista e tem o próprio quinhão de aventuras e desventuras. Longe do ex-proprietário, o cavalo também passa por maus bocados, até ver-se encurralado em meio a um combate sangrento. Assustado pelos tiros da artilharia e pela escuridão, Joey envereda pelo campo de batalha e acaba preso em uma rede de arame farpado. Sua morte parece certa; está ferido na terra de ninguém entre um destacamento inglês e o Exército alemão, e qualquer um que tentasse salvá-lo seria provavelmente fuzilado pelo outro lado. Em desespero, o cavalo se debate em meio às farpas que lhe cortam a pele. Quando tudo parece perdido, um soldado do Exército inglês sai da trincheira portando uma bandeira branca improvisada e lentamente caminha até o animal, desobedecendo às ordens de seu comandante. A primeira bala sobrevém, mas não o atinge, e ele grita, agitando a bandeira: "Eu só quero ajudar o cavalo".

Não se ouvem novos tiros.

Ao aproximar-se do cavalo ferido, acalma-o gentilmente: "Pobre criatura! Pare de se debater, ou só vai se cortar ainda mais".

Então o soldado ouve passos. Quem surge é um soldado inimigo, um alemão, que lhe diz: "Achei que poderia precisar disto" – e lhe mostra uma ferramenta para cortar o arame farpado.

Durante um tempo que, para o espectador, parece interminável, os dois trabalham juntos, definindo a melhor estratégia para libertar Joey. Sabem que, dependendo do fio que cortarem primeiro, o cavalo pode entrar em pânico e se enredar ainda mais. A certa altura, o oficial alemão constata: precisam de mais cortadores. Pede em voz alta e logo várias ferramentas são arremessadas de trás da trincheira alemã. A certa altura, o inglês pergunta:

"Como estão as coisas na sua trincheira?"

"Encantadoras", responde o alemão. "Lemos, tricotamos e ensinamos truques circenses aos ratos."

"Se precisar de mais ratos, é só pedir. Temos de sobra", diz o inglês.

O diálogo continua, em tom amistoso, e a certa altura ambos sorriem. Há tensão na cena e, no entanto, um e outro estabelecem um improvável vínculo de confiança baseado na vulnerabilidade de ambos – expostos, indefesos em uma zona de guerra, aliados no salvamento do belo animal ferido. Uma vez libertado o cavalo, os dois militares discutem quem ficará com ele. Surge um breve embate, decidido no cara ou coroa entre Peter, o alemão (sim, há o momento em que se apresentam, como se estivessem em qualquer outro lugar que não ali), e Colin, o inglês. O vencedor leva o cavalo a sua trincheira, em um corredor polonês de homens mesmerizados pela mágica do que acaba de acontecer. A mágica da vulnerabilidade que não se esconde, que se mostra em toda a sua potência.

O fato de eu ter narrado a cena aqui não tira nem um pouco do brilho original; se você vir o filme, vai se emocionar como eu quando o revi outras vezes. E, como eu, vai se impressionar por raramente (ou nunca) refletir sobre as recompensas de se mostrar vulnerável.

Um dia, eu tive que reconhecer que a gravata Hermès e o terno bem-cortado eram a armadura por trás da qual eu escondia a minha vulnerabilidade. Vestido daquela forma, eu me sentia o melhor. Precisei de muito autoconhecimento para virar esse jogo e fazer como outro dia, quando atendi a dois executivos de quem sou *coach* trajando... a minha roupa de ginástica.

Não foi planejado. Embora acorde muito cedo, naquele dia uma tarefa extra e imprevista entrou na lista do que *não podia deixar de fazer hoje*, e com isso me atrasei ligeiramente para o compromisso seguinte, que era uma aula de ginástica. Precisei de apenas alguns segundos para decidir o que fazer em relação aos meus coachees, presidente e vice de uma empresa com mais de 30 mil funcionários. Como a sessão seria na minha casa, pedi à minha assistente doméstica que servisse um café aos executivos quando chegassem e corri para a academia do condomínio, sabendo que chegaria em tempo de atendê-los – desde que o fizesse com minha roupa esportiva, mesmo. Se eu não me exercitasse, sabia que teria um dia pior. Contei ao meu personal trainer, que estava um pouco atrasado, e ele sugeriu que fizéssemos séries de dois exercícios, em vez de três. Ora, recusei! Liguei o foda-se, fiz meu treino e às 9 em ponto estava diante dos meus coachees, endorfinas correndo a toda velocidade pela minha corrente sanguínea, rosto lavado (por sorte, não tinha transpirado muito) e a atividade que faríamos naquela manhã tinindo, na ponta da língua.

Sabe quando eu faria algo semelhante no passado? Nunca. O que me impedia? A minha vulnerabilidade; como eu poderia fazer uma sessão de coaching com os dois executivos mais importantes de uma grande empresa usando meu boné e minha roupa de ginástica? Contei essa história a uma amiga e ouvi dela a seguinte pergunta: "Você acha que ganhou pontos com eles, Júlio?".

Minha resposta foi: "Não me importo". E é uma resposta honesta. Eles estão contratando o que está dentro da minha cabeça, não o meu invólucro. Quando penso nesse episódio, relembro o longo caminho que percorri para chegar a esse ponto de maturidade e não precisar de subterfúgios para mascarar minha vulnerabilidade.

Uma parte significativa do trabalho que desenvolvo hoje com executivos diz respeito ao reconhecimento e à valorização da própria vulnerabilidade. Organizo um evento de dois dias que reúne centenas de presidentes de empresas e invariavelmente pergunto a eles como chegaram até a alta posição que ocupam. Um resumo das respostas deles resulta no seguinte triângulo:

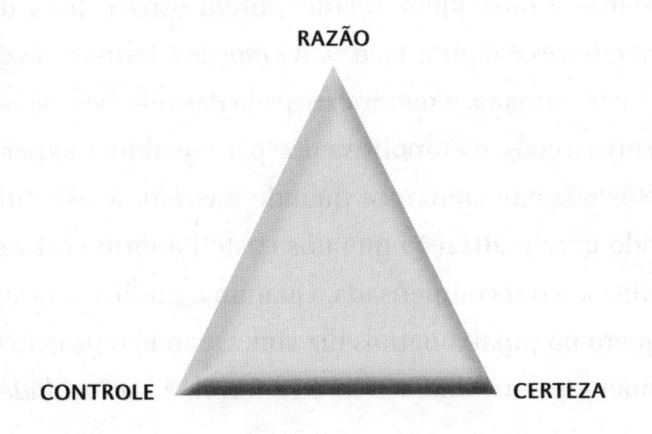

RAZÃO

CONTROLE — CERTEZA

Eles acreditam na eficácia dessa tríade e não vejo nada de errado com ela. No entanto, meu papel é desafiá-los a praticar na própria vida – profissional e pessoal – um outro triângulo:

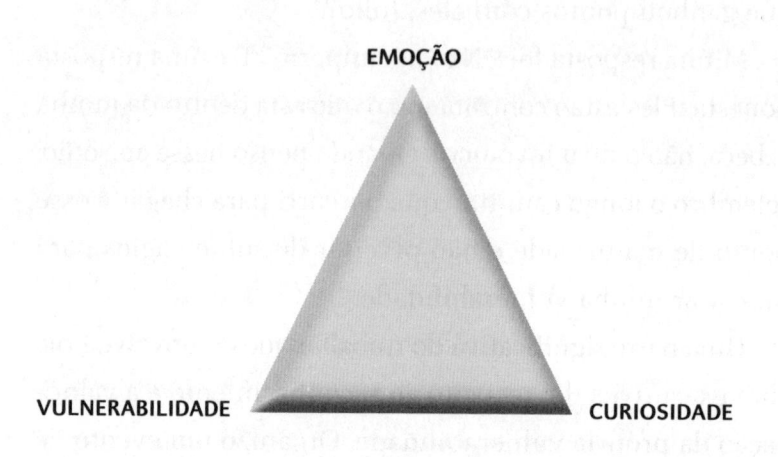

EMOÇÃO

VULNERABILIDADE   **CURIOSIDADE**

Que diferença isso traz? Vamos lá: tais características permitem ampliar horizontes. Trazem novos questionamentos, novas respostas e perspectivas inéditas para velhos problemas. Consequentemente, abrem espaço para **decisões** melhores e mais arejadas. A *emoção* é indissociável da existência humana, e tentar extirpá-la das relações, pessoais ou profissionais, é empobrecedor para qualquer experiência. Nós nos emocionamos quando nascem nossos filhos. Quando uma realização que nos custou enorme esforço é reconhecida e recompensada. Quando a mulher/o homem por quem nos apaixonamos diz sim. Quando o projeto que defendemos se revela factível e rentável. A *curiosidade* é o berço da inovação. Quem trabalha apenas com o conhecido jamais descobre o encantamento do novo. A *vulnerabilidade* envolve o risco emocional de nos mostrarmos como somos, o que guarda conexões profundas com vergonha, culpa e automerecimento.

Certa vez, em um seminário do YPO com a Fundação Dom Cabral em seu *campus* de Nova Lima (Minas Gerais), tive o privilégio de conhecer Subramanian Rangan, o eminente professor indiano de Estratégia e Gestão da escola francesa Insead, e assistir a uma aula dele. Sub, como gosta de ser chamado, defende a ideia de que nossos processos de decisão e nossas escolhas usam quatro cérebros (e eu que pensava ter apenas um!). É verdade que tomamos decisões cognitivamente, a partir do que conhecemos, e esse é o cérebro "convencional". Essas decisões, contudo, também são balizadas pelo risco, por medos e oportunidades, sentidos e influenciados pelos nossos intestinos (*"gut feelings"*). Elas se submetem aos sentimentos e às emoções ditados pelo nosso coração, que seria, então, o terceiro cérebro. E, finalmente, são condicionadas pela nossa consciência, que habita outra parte do cérebro que não a cognitiva. Louco, mas muito certo! Ficou claro para mim que não tomamos decisões apenas com o cérebro mental. Somos influenciados pelos outros três, que, embora não respondam pelas decisões, igualmente nos guiam em nossas escolhas. Escolhas pressupõem coragem e medo, emoções que se concentram no intestino; envolvem sentimentos e emoções, ou seja, são tomadas também com o coração; pedem que nos perguntemos se devemos, queremos e podemos agir de determinada maneira, isto é, remetem-se à consciência.

Por fim, nossas decisões guardam uma conexão inegável com o que aprendemos. E esse é um ponto que precisamos esmiuçar.

> Os conceitos básicos deste capítulo:
>
> ▶ Nem tudo está sob nosso controle. Precisamos abrir espaço para o imponderável.
>
> ▶ As pausas nos permitem respirar entre eventos e contribuem para prevenir o burnout, "síndrome resultante de um estresse crônico no trabalho que não foi administrado com êxito", segundo a Organização Mundial da Saúde.
>
> ▶ Nossa vida tem um pouco de tudo. Bons e maus momentos, somados, nos preparam para os desafios que virão.
>
> ▶ A arte nos ajuda a ampliar nosso repertório sobre as possibilidades da natureza humana.
>
> ▶ Minha força motriz é viver intensamente. Qual é a sua?
>
> ▶ A vulnerabilidade exposta é capaz de mudar a nossa história.

CAPÍTULO 13

O que meu filho, Dan Brown e Peter Drucker têm em comum

Educação e aprendizagem estão no centro das atenções de qualquer pessoa que queira construir uma carreira de sucesso e uma vida plena e realizada. Portanto, ao falar de gestão do tempo, não há como escamotear a necessidade de incluir na agenda um **tempo para aprender**.

Houve uma época em que o mundo era menos complexo – ou assim quero crer. Foi a época do especialista, um profissional que precisava ser realmente bom no que fazia. Quando tínhamos uma dor difusa, procurávamos um clínico geral, que diagnosticava, por exemplo, uma hérnia de disco e nos encaminhava para o especialista – um ortopedista. Os especialistas eram aclamados como os grandes resolvedores de problemas e todos queríamos esse *status*. A aceleração tecnológica, porém, fez que se tornassem obsoletos rápida e inexoravelmente. Em um ambiente de negócios cada vez intrincado, chegou então a vez dos generalistas, aqueles que sabiam um pouco de muitas coisas. Em 2017, um estudo conduzido pela Columbia Business School e pela Tulane University, ambas nos Estados Unidos, chegou a apontar o generalista como o profissional com melhores chances no mercado. Segundo as lideranças ouvidas pela pesquisa, graças a seu repertório ampliado (mesmo que às vezes raso), eles tinham uma visão mais sistêmica do negócio e melhor capacidade de adaptação.*

E hoje? Qual é a demanda atual?

Hoje, o mercado busca o especialista generalista. Você está surpreso, eu sei – afinal, quem é esse cara?

Esse cara é aquele que sabe muito de tudo. É o líder que sabe ler balanço, fazer budget e montar PPT se precisar. Meu filho Thiago é assim, e não estou me posicionando aqui como pai coruja, e sim como alguém que deseja mostrar a você que isso *existe* e *é viável*. Como curador das startups médicas, as *healthtechs*, do Cubo, o ambiente de fomento ao empreendedorismo ligado ao Banco Itaú, ele já teve que fazer apresentações para a diretoria sem nenhuma assessoria e preparou tudo isso sozinho. Qual é a receita para se tornar esse profissional? Como se faz?

Cada vez mais, chego à constatação de que todos precisamos ser *lifelong learners*. Essa expressão, tão afinada com o conceito de mentalidade disciplinada de Howard Gardner

---

* EDUCA MAIS. *Generalista ou especialista? O que você precisa para se dar bem no mercado.* 24 jul. 2017. Disponível em: <https://g1.globo.com/especial-publicitario/educa-mais-brasil/noticia/generalista-ou-especialista-o-que-voce-precisa-para-se-dar-bem-no-mercado.ghtml>. Acesso em: 14 out. 2019.

que abordei anteriormente, entrou no radar dos executivos para fazer frente a uma certa angústia envolvendo a velocidade das mudanças tecnológicas e seus desdobramentos no mundo do trabalho. Hoje não é incomum encontrar no LinkedIn, a mais festejada rede social profissional, gente que se define como "head de marketing digital e *lifelong learner"* – só para dar um exemplo, mas é possível adotar essa característica em qualquer profissão. Essa pessoa quer anunciar a seus contatos que compreende o valor e, por que não, a alegria de jamais deixar de aprender e adquirir novas competências. Os *lifelong learners* bem-sucedidos gerenciam seu tempo de maneira a incluir momentos diários de aprendizado. Pode ser meia hora; vinte minutos, digamos – mas é um tempo destinado à aprendizagem por meio de leituras, cursos on ou off-line, diversificação de interesses, desafios que chacoalham suas zonas de conforto, prospecção permanente de novas oportunidades de desenvolvimento pessoal e profissional.

E a verdade é que nunca foi tão fácil aprender. Nunca houve tantos cursos e possibilidades literalmente na palma da nossa mão. Centenas de universidades excelentes do mundo inteiro e do Brasil oferecem ótimos cursos a distância que podem ser realizados no tempo de cada um. Nelas, e também nas plataformas on-line, há possibilidades para todas as *bucket lists*. Seu sonho é tocar guitarra? O portal Masterclass, pago e em inglês, oferece aulas com o mestre Carlos Santana; ali também é possível entender como o craque Dan Brown, autor do megabest-seller *O código Da Vinci*, engendra seus livros de suspense ou conhecer os truques do grande mestre de xadrez Garry Kasparov. Na plataforma de streaming Netflix, uma série deliciosa chamada *Explained* nos ajuda a entender, em episódios que mesclam entretenimento e informação, temas intrigantes como por que é tão difícil emagrecer, as criptomoedas ou o fascínio despertado pelos grupos de K-pop. Outra plataforma, a Coursera, tem um curso maravilhoso – em português! – sobre aprender a aprender. Podcasts narram notícias com um viés de pesquisa histórica para entender eventos do cotidiano.

O nosso dia a dia, quando desligamos o piloto automático e nos dedicamos a enxergar a vida e o outro em sua complexidade e diversidade, é uma escola estupenda. Você conhece a teoria do 70-20-10? Desenvolvida nos anos 1990 pelos professores Morgan McCall, Robert Eichinger e Michael Lombardo, do Center for Creative Leadership, escola no estado norte-americano da Carolina do Norte, essa tese preconiza que apenas 10% do nosso aprendizado resulta de experiências formais, como treinamentos, workshops e certificações; 20% são resultado das interações que mantemos com outras pessoas e **70% provêm de desafios e experiências do cotidiano.** Sobre isso, o empreendedor e professor Conrado Schlochauer (que apresenta a si mesmo em uma rede social como *lifelong learner*) disse no podcast CBN Professional algo que achei interessante e compartilho aqui. Para ele, essa porcentagem hoje já anda em torno de 74-24-1, reforçando o papel da curiosidade e da consciência de que a nossa capacidade de aprender não se esgota jamais, desde que a mantenhamos bem nutrida. "Por isso é tão importante estabelecer um horário definido para aprender, algo que esteja na nossa agenda. É o que vai garantir a nossa longevidade na carreira – e na vida",* acredita ele, e eu também.

Há uma pergunta seguinte que é tão óbvia quanto inevitável. Ok, precisamos desenvolver esse senso de aprendizagem que nos acompanhará por toda a vida, mas o que devemos aprender? O que precisamos aprender?

Acho que a pergunta é outra. A pergunta é: "o que gostaríamos de aprender?"

Devemos cuidar dos nossos pontos fracos ou investir nos nossos pontos fortes? Depende de aonde queremos chegar. Pego emprestado novamente do Conrado um raciocínio límpido, que endossa a sua tese dos "74": precisamos saber o que está acontecendo no mundo e contextualizar nossas forças e fraquezas. Se nossos pontos fortes podem nos diferenciar no ambiente onde circulamos, invistamos neles. Se nossos pontos fracos estão nos impedindo de alcançar nossos sonhos e nossas metas – nossa *bucket list* –, é neles que precisamos concentrar nossas estratégias de aprendizagem. Talvez precisemos estudar filosofia. Talvez devamos mergulhar na história

---

* SCHLOCHAUER, C.; OLIVO, C.; GOMES, A. S. Ensine a si mesmo e mantenha vivo o desejo de aprender. *Podcast CBN Professional*, 83 ep., 1º abr. 2019.

para entender como os processos do passado influenciam o que vivemos hoje. Talvez a psicologia possa nos ajudar a entender o porquê de certos comportamentos que afetam nosso ambiente profissional. Ninguém mais duvida de que todas essas disciplinas hoje guardam uma intensa relação. Por isso, o que importa é mantermos acesa e forte a centelha do desejo de aprender. Nossa espécie se denomina *Homo sapiens*, mas a verdade é que, como escreveu o educador Juan Ignacio Pozo em seu livro *Aprendizes e mestres*, somos *Homo discens*, ou seja, o homem que aprende.

Se passamos no mínimo um terço do nosso dia trabalhando, o melhor dos mundos será aquele em que conseguiremos transformar nosso trabalho em uma plataforma de aprendizagem. No entanto, não podemos esperar que as empresas nos "eduquem": cabe a nós mesmos pegar em nossas mãos o nosso desenvolvimento profissional e pessoal e buscar o queremos. Para isso, precisamos ter muito claro quem somos, que futuro queremos desenhar para nós e então traçar nossa estratégia no presente. O tempo bem gerido será um aliado poderoso na sua trajetória para se tornar um *lifelong learner*. Em seu livro sobre os *high potentials*, mencionado anteriormente, um dos X Factors mencionados pelo educador Jay Conger é o "aprendizado catalítico", ou seja, "uma busca eterna por entender e ativamente mudar seu ambiente".* Um *high potential*, o tipo de

---

* ANGELO, M., op. cit.

profissional disputado aguerridamente pelas organizações quando identificado, compreende que cada tarefa traz uma oportunidade de aprender alguma coisa nova. "Em nosso estudo, vimos muitas pessoas que simplesmente não aprendem e esse problema vai ficando mais evidente à medida que sobem de nível hierárquico",[*] disse ele em entrevista. Resultado: permanecem estagnadas na carreira ou podem até regredir.

Em minhas imersões no mundo dos executivos de primeira linha, cascateando para as camadas de média gestão, há outra questão profundamente inquietante envolvendo tempo e aprendizagem. Na Nova Economia, vale cada vez mais o raciocínio do professor Alvin Toffler: "Os analfabetos do século XXI não serão aqueles que não conseguem ler nem escrever, mas sim aqueles que não conseguem aprender, desaprender e reaprender".[**] Uma espécie de *lifelong learning* que implica descartar o velho para abrir espaço para o novo. Muitas pessoas chamam esse processo de *reskilling*, que pode ser definido como a habilidade de adquirir novas competências, ou *upskilling*, que é possível traduzir como "aprimoramento" e se aplica, de modo geral, às competências que já dominamos, mas que sempre podem ser aprofundadas. Encontro muitos CEOs preocupados

---

[*] Ibidem.
[**] STANDFORD MAGAZINE. Embracing the Need to 'Learn and Relearn'. Jan/fev 2002. Disponível em: < https://stanfordmag.org/contents/embracing-the-need-to-learn-and-relearn>. Acesso em 30 out. 2019.

com essas questões que, a meu ver, sintetizam a equação da nova obsolescência; temem ser deixados pelo caminho, e eventualmente isso acontece mesmo. Talvez falte a eles outro dos X Factors descrito pelo educador Jay Conger: cultivar uma certa intimidade com oportunidades que estão além de sua experiência e de seu conhecimento. Conger chama essa característica de "tolerância à ambiguidade", e a descreve como "ser flexível no estilo gerencial e nas ações, além de fortemente orientado a aprender e reaprender coisas".*

Entendo a angústia desses profissionais. Tenho eu mesmo uma história longa e bem-sucedida como executivo e compreendo bem a dor de, já bem avançado na carreira, um CEO precisar se perguntar: "Mas tem que aprender tudo de novo?".

Tem.

O que me traz à mente uma história extraordinária que aconteceu há alguns anos comigo e com Salibi, o amigo que já mencionei na Introdução. Ele e eu fomos à casa do professor Peter Drucker em Claremont, a cerca de uma hora de carro de Los Angeles, para uma visita que deveria ser de poucas horas, mas acabou se estendendo pela tarde e avançando pelo comecinho da noite. Envolvidos em uma conversa agradável e interessantíssima, com assuntos tão variados quanto arte japonesa, gestão (naturalmente) e os

---

* Ibidem.

projetos urbanísticos do arquiteto e ex-prefeito de Curitiba Jaime Lerner (de quem Drucker revelou-se admirador), ficamos para o jantar com o professor e sua esposa, Doris. Ele já estava perto dos 95 anos, dois a mais do que ela; um casal vivendo sozinho em uma casa sem empregados, em grande harmonia, muito ativos apesar da idade. Salibi e eu ficamos profundamente impressionados com a diversidade de conhecimentos do grande teórico, sempre bem embasados. Quando nos despedimos, em uma varanda na entrada na casa dele, perguntei a Drucker:

"Professor, eu não tenho dúvidas sobre seus conhecimentos, mas como é que o senhor consegue saber tanto sobre uma variedade tão grande de assuntos?"

Peter Drucker sorriu.

"Olhe, Júlio, quanto eu tinha 20 e poucos anos, decidi que, a cada cinco anos, eu selecionaria um tema fora da minha área de atuação e o estudaria durante aquele tempo. Então, escolheria outro assunto para os próximos cinco anos, e assim por diante. Como você pode calcular, eu me aprofundei em um bom punhado de temas..."

Agradeci e fui caminhando lentamente até meu carro, impactado pela determinação de Drucker, um de meus ídolos, o pai da moderna teoria de administração e um genial estrategista do gerenciamento do tempo. Então, ouvi meu nome. Da varanda, meu anfitrião me chamava, agitando freneticamente a bengala. Achei que ele me acenava porque eu tinha esquecido algum objeto. Voltei.

"Fiquei pensando em algo aqui", ele me disse. "Quando resolvi escolher um tema a cada cinco anos, não existiam a internet nem a proliferação de livros e revistas que há hoje. Eu gastava muito mais tempo procurando conteúdo do que absorvendo-o. Com todas as mudanças do mundo, se eu fosse você hoje, selecionaria dois temas a cada três anos."

Foi um maravilhamento. Como é que aquele homem de 95 anos, em trinta segundos, foi capaz de modificar um conceito que o tinha acompanhado pela vida toda? Ali eu entendi a dinâmica da mudança. Ali entendi o que era reaprender. Por isso, estou convencido da importância de reservar um pedacinho do nosso dia para continuar aprendendo, seja dentro da sua área de atuação, seja no que chamo de multidisciplinaridade. Repertório nunca foi tão fundamental. Pessoas que não o têm encontram dificuldade para se relacionar, criar e manter uma rede de contatos ampla e viva. Repertório parece ser a palavra da vez, e se você tiver disciplina reserve sempre um momento para esse aprendizado.

Eu faço isso. Meu Kindle está sempre comigo. Os quatro ou cinco livros que costumo ler ao mesmo tempo me acompanham na palma da mão, e sempre que faço uma pausa, mesmo que pequena – às vezes, entre um compromisso e outro –, lá vou eu para o Kindle e leio mais algumas páginas. Como você vê, não estou falando de algo inviável ou de altíssima complexidade. Os especialistas já estão chamando isso, que pratico há muito tempo, de *microlearning*. Dá para fazer, e sua carreira e sua vida precisam dessa injeção cotidiana de conhecimento.

Um amigo, Romeo Busarello, recentemente me contou uma história ilustrativa das necessidades desses novos tempos. Ele fazia um curso na Califórnia e em sua sala havia um *headhunter* muito conhecido em seu meio por trabalhar com as grandes do Vale do Silício. Em dado momento, esse *headhunter* pediu licença para se ausentar da aula porque precisava entrevistar um candidato a uma vaga. Quando voltou, meu amigo, um desses *lifelong learners*, perguntou, curioso:

"E aí, achou o cara para a sua vaga?"

"Não", respondeu o consultor. "O cara é excepcional. Poucas vezes vi um currículo tão fantástico, mas é um currículo velho. Não vale para os dias atuais."

O que o *headhunter* queria dizer é que aquele candidato havia trabalhado em companhias bárbaras, tinha um PhD, fizera MBA em Harvard, tudo lindo. No entanto, a empresa para a qual ele estava recrutando precisava de alguém que pudesse criar um novo produto, o levasse para o mercado, precificasse, comunicasse da maneira adequada, montasse um ecossistema acolhedor ao lançamento. Aquele executivo top, de currículo fantástico, tinha se preparado para o passado, não para o presente e o futuro. Sabia gerir na Velha Economia, mas não tinhas as habilidades digitais nem a cultura da Nova Economia. A certa altura, convencido da majestade de seu currículo, havia parado de aprender. Um erro que você jamais cometerá.

> **Os conceitos básicos deste capítulo:**
>
> ▶ Precisamos reservar em nossa agenda um tempo para aprender. O presente já exige que sejamos lifelong learners, isto é, pessoas que encontram gratificação e alegria no aprendizado continuado. Essa característica se acentuará no futuro.
>
> ▶ A pergunta correta não é "o que precisamos aprender?", e sim "o que gostaríamos de aprender?".
>
> ▶ Os conceitos de reskilling (habilidade de adquirir novas competências) e upskilling (aprimoramento das competências que já possuímos) ganham cada vez mais espaço na Nova Economia.

EPÍLOGO

Escreva sua *bucket list*

O que impede você de escrever e realizar sua *bucket list*? O que está se interpondo entre você e a sua plena realização pessoal e profissional? Você, que me acompanhou até aqui, compreendeu a importância de lidar com o tempo e se entusiasmou com as ideias e ferramentas que eu trouxe para cá, me responda: o que ainda detém você?

Ao longo da minha caminhada até este momento da vida, muita coisa me barrou. Houve momentos em que meus sonhos não estavam alinhados com os sonhos da minha família. Ou com o sonho do meu time na empresa. Ou com o planejamento das empresas às quais me juntei. Nesses momentos, precisei de coragem – daquele cérebro que habita os nossos intestinos, segundo o professor Sub Rangan. O cérebro de medo e do destemor. Há uma frase ao mesmo tempo terrível e inspiradora no livro bíblico do Apocalipse: "Conheço as tuas obras, que nem és frio nem quente; quem dera foras frio ou quente! Assim, porque és morno, e não és frio nem quente, vomitar-te-ei da minha boca".[*]

---
[*] Apocalipse 3:15,16.

Muita gente prefere passar pela vida no modo morno, sem correr grandes risco nem viver grandes paixões. O prêmio Nobel de economia Daniel Kahneman escreveu um livro memorável em parceria com Amos Tversky para mostrar nossa aversão ao risco. Em *Rápido e devagar: duas formas de pensar*, ele nos lembra que "muitas das opções que enfrentamos na vida são 'mistas': há um risco de perda e uma oportunidade para ganho, e devemos decidir se aceitamos a aposta ou se a rejeitamos". Em seu já clássico experimento, Kahneman expõe o seguinte problema:

> Alguém lhe propõe uma aposta na moeda.
> Se a moeda der coroa, você perde 100 dólares.
> Se a moeda der cara, você ganha 150 dólares.
> *Essa proposta é atraente? Você a aceitaria?*[*]

A maioria das pessoas rejeita essa aposta. Para elas, explica o psicólogo, "o medo de perder 100 dólares é maior do que a esperança de ganhar 150". O morno é mais confortável e quentinho. Melhor não arriscar.

O problema é que esse excesso de cautela não nos levará à realização dos nossos maiores e melhores sonhos. O que nos permitirá concretizá-los é respirar fundo e pensar na vida como um privilégio a ser (re)descoberto a cada dia, conscientes de que cada dia tem vinte e quatro horas e que

---

[*] KAHNEMAN, D. *Rápido e devagar: duas formas de pensar*. 1ª ed. Rio de Janeiro: Objetiva, 2012, p. 352-353.

podemos fazer delas o melhor dia, um dia de cada vez, com planejamento. Que envolve foco, organização e disciplina.

Certa vez, a revista *Fast Company* produziu uma bela reportagem com um título irresistível: "Os segredos das pessoas superprodutivas".* Os jornalistas entrevistaram dez personalidades indiscutivelmente de alto desempenho e identificaram algumas características individuais, outras comuns. Marco Bizzarri, CEO da Gucci, restringe suas conversas ao longo do dia à duração máxima de cinco minutos. "Nunca mais do que isso, para que todos saibam que sempre poderão obter uma resposta minha", justifica. Melinda Gates divide os e-mails pessoais e profissionais em pastas diferentes e se organiza para abri-las apenas em determinadas horas do dia. Shonda Rhimes, o cérebro por trás da série *Grey's Anatomy*, reclama: "Grande parte do meu trabalho é administrar os negócios, mas preciso reservar a maior parte do meu tempo para o trabalho criativo". Sundar Pichai, CEO do Google, investe tempo em caminhadas e em conversas com os filhos ("Sempre aprendo algo novo", diz). Cada qual com sua receita, todos estão dando certo. Nós os olhamos como espelhos.

Agora, vale observar os traços comuns. Para começar, todos acordam cedo. Todos fazem pausas, embora cada um as aproveite do seu jeito. Todos encontraram estratégias eficazes de relaxamento. Todos fazem uso de tecnologia em

---

* SVETKEY, B. et al. Fast Company. *Revista HSM*, n. 120 extra.

boas doses, mas se empenham em não se deixar dominar por ela.

Todos aprenderam que, se não tivessem pleno controle do seu tempo, não teriam chegado aonde chegaram.

Todos compreenderam que não podem deixar de aprender. Todos correram riscos.

Em 2019, a plataforma de streaming Netflix lançou seu primeiro *talk* de produção própria, *A Call to Courage* (Um chamado à coragem, em tradução livre). No palco estava Brené Brown, escritora e pesquisadora da Universidade de Houston especializada em estudos sobre vulnerabilidade, coragem, empatia e vergonha, autora de cinco best-sellers. Na produção da Netflix, Brené relembra o dia em que tomou coragem para ler os comentários na internet sobre o evento que acabou por catapultá-la para o estrelato: sua participação no TEDx Houston, em 2010, para falar sobre o poder da vulnerabilidade. "Mesmo que você estude o constrangimento, nunca estará preparada para as coisas terríveis que são ditas on-line. E para mim, o medo da crítica e do constrangimento era tão grande que me paralisava. Eu vivia uma vida de pequenezas, não me arriscava, não me expunha. Achava que não conseguiria suportar os ataques", narra. Quando começou a ler os comentários, Brené encontrou-se frente a frente com seus piores medos. Algumas das críticas que leu: "Menos pesquisa, mais Botox"; "Ela deveria emagrecer antes de falar de automerecimento"; "Tenho pena do marido e dos filhos"; "É por causa de gente como ela que o mundo está desse jeito"; "Tomara que alguém a mate".

Arrasada, Brené se refugiou diante da televisão, com uma boa provisão de pasta de amendoim e uma temporada inteira do seriado *Downton Abbey*, sobre uma família aristocrática inglesa, para assistir. Fuga total. Quando viu o último episódio, ainda se recusando a voltar à realidade, Brené trocou a TV pelo laptop e começou a pesquisar freneticamente sobre o período em que se passa a série. Uma de suas buscas foi esta: quem era o presidente dos Estados Unidos na época em que *Downton Abbey* se passa? Era Theodore Roosevelt, que governou o país entre 1901 e 1909.

"Foi então que Deus veio até a minha sala", narra Brené. O primeiro resultado do Google era um discurso de Roosevelt, datado de 1910,* no qual ele dizia:

> Não é o crítico que importa. Nem aquele que aponta quando o outro tropeça ou diz que o outro deveria ter feito diferente. O mérito é do homem na arena, aquele com o rosto sujo de poeira, suor e sangue, que se empenha, que erra, que fracassa duas, três, quatro vezes, porque não há esforço sem erro ou imperfeição. [...] Aquele que, no final, experimenta o triunfo

---

* THEODORE ROOSEVELT CENTER. The Man in the Arena, 21 abr. 2011. Disponível em: <https://www.theodorerooseveltcenter.org/Blog/Item/The%20Man%20in%20the%20Arena>. Acesso em: 20 out. 2019 [tradução nossa].

ou, na pior hipótese, pode fracassar, mas se arriscando a ser imperfeito, para que seu lugar não seja jamais o das almas frias e acanhadas que não conhecem vitória nem derrota.

Naquele minuto, um divisor de águas em sua vida, ficou claro para Brené que queria estar na arena, expor-se e correr riscos. "Você vai sofrer, fracassar e perder, mas é uma escolha que faço todos os dias: hoje, escolhi a coragem à zona de conforto. Não sei o dia de amanhã, mas hoje eu escolho a coragem."

Esse documentário deixou sua marca em mim, como anteriormente havia deixado o livro de Brené, *A coragem de ser imperfeito*, no qual também é possível encontrar a mesma citação. Se o trago para estas reflexões finais é por acreditar que, mesmo sem mencionar diretamente o tempo e a necessidade de gerenciar com eficiência e alegria esse bem escasso e não renovável, o longo e belo monólogo de Brené costura todas as crenças que apresento neste livro. Afinal, é de decisão que se trata; é de destemor das escolhas de cada dia, escolhas que o tempo pode tornar sempre melhores; é de aceitar a própria vulnerabilidade para encontrar nela a força da coragem. É de ser dono do nosso tempo e, portanto, da nossa vida.

Que o tempo seja seu aliado hoje e sempre.

Bibliografia

ACHOR, Shawn. **O jeito Harvard de ser feliz**. São Paulo: Saraiva, 2012.

BARBOSA, Christian. **A tríade do tempo**. São Paulo: Buzz Editora, 2018.

BROWN, Brené. **A coragem de ser imperfeito**. Rio de Janeiro: Sextante, 2016.

CIRILLO, Franceso. **A Técnica Pomodoro: o sistema de gerenciamento de tempo que transformou o modo como trabalhamos**. Rio de Janeiro: Sextante, 2019.

CANFIELD, Jack, HANSEN, Mark e HEWITT, Les. **O poder do foco**. Rio de Janeiro: Best Seller, 2005.

CONGER, Jay A. e CHURCH, Allan H. **The high potential's advantage**. Harvard Business Review Press, 2017.

COVEY, Stephen R. **Os 7 hábitos das pessoas altamente eficazes**. 2ª. ed. Rio de Janeiro: Best Seller, 2005.

COVEY, Stephen R., MERRILL, A. Roger e MERRILL, Rebecca R. **Primeiro o mais importante**. Rio de Janeiro: Sextante, 2017.

DUHIGG, Charles. **O poder do hábito**. Rio de Janeiro: Objetiva, 2012.

_____ **Mais rápido e melhor: os segredos da produtividade na vida e nos negócios**. Rio de Janeiro: Objetiva, 2016.

ESTY, Daniel e WINSTON, Andrew S. **O verde que vale ouro**. Rio de Janeiro: Campus/Elsevier, 2008.

FERNANDES-ARAÓZ, Claudio. **Não é como nem o que, mas quem**. São Paulo: HSM, 2018.

GARDNER, Howard. **Cinco mentes para o futuro**. Porto Alegre: Artmed, 2007.

GATES, Melinda. **O momento de voar**. Rio de Janeiro: Sextante, 2019.

GIANETTI, Eduardo. **Felicidade**. 3^a. reimpressão. São Paulo: Companhia das Letras, 2002.

GOLEMAN, Daniel. **Foco**. Rio de Janeiro: Objetiva, 2014.

HELLER, Robert. **Entenda e ponha em prática as ideias de Stephen Covey**. São Paulo: Publifolha, 2001.

HORTA, Maurício; BOTELHO, José Francisco; NOGUEIRA, Salvador. **Mitologia: deuses, heróis, lendas**. São Paulo: Abril, 2012.

JÚLIO, Carlos Alberto. **Reinventando você: a dinâmica dos profissionais e a nova organização**. Rio de Janeiro: Campus/Elsevier, 2009.

KAHNEMAN, Daniel; TVERSKY, Amos. **Rápido e devagar: duas formas de pensar**. Rio de Janeiro: Objetiva, 2011.

KELLER, Gary; PAPASAN, Jay. **A única coisa**. são Paulo: Novo Século Editora, 2014.

KOGON, Kory, MERRILL, Adam; KRETLY, Paulo. **5 escolhas – O caminho para uma produtividade extraordinária**. São Paulo: HSM/FranklinCovey, 2018.

LEITÃO, Miriam. **Saga Brasileira: a longa luta de um povo por sua moeda**. 4ª. ed. Rio de Janeiro: Record, 2011.

LYUBOMIRSKI, Sonja. **The how of happiness**. Penguin Books, 2009.

MLODINOW, Leonard. **O andar do bêbado**. Rio de Janeiro: Jorge Zahar, 2009.

WELCH, Suzy. **10-10-10: hoje, amanhã e depois**. São Paulo: Ediouro, 2009.

Não é de hoje que entendo e experimento a força da criação colaborativa.

Este livro é mais uma evidência de que sozinho vamos rápido, porém juntos vamos muito mais longe.

Meus mais profundos agradecimentos pela competência e paciência da Adriana Salles Gomes e Sibelle Pedral, aos carinhosos prefácios da Cris Arcangeli, Luiz Helena Trajano e do querido Walter Longo.

Agradeço à eficiente equipe da Editora Planeta, capitaneada pelo meu editor, Cassiano Elek Machado.

Gratidão!

**Acreditamos
nos livros**

Este livro foi composto em Celeste e impresso
pela Geográfica para a Editora Planeta do
Brasil em fevereiro de 2020.